U0493241

名师名校名校长

凝聚名师共识
回应名师关怀
打造名师品牌
培育名师群体

舍薰待清风

『林苒名教师工作室』
中华优秀传统文化教育课堂实录

林苒　黄淑灵　邓熠／编著

东北师范大学出版社
长春

图书在版编目（CIP）数据

含薰待清风："林苒名教师工作室"中华优秀传统文化教育课堂实录 / 林苒，黄淑灵，邓熠编著. — 长春：东北师范大学出版社，2019.3
ISBN 978-7-5681-5595-3

Ⅰ.①含… Ⅱ.①林… ②黄… ③邓… Ⅲ.①中华文化－课堂教学－教学研究－小学 Ⅳ.①G623.202

中国版本图书馆CIP数据核字（2019）第054887号

□策划创意：刘　鹏
□责任编辑：钱黎新　刘贝贝　　□封面设计：姜　龙
□责任校对：刘彦妮　张小娅　　□责任印制：张允豪

东北师范大学出版社出版发行
长春净月经济开发区金宝街118号（邮政编码：130117）
电话：0431-84568033
网址：http：//www.nenup.com
北京言之凿文化发展有限公司设计部制版
廊坊市金朗印刷有限公司印装
廊坊市广阳区廊万路18号（邮编：065000）
2022年6月第1版　2022年6月第1次印刷
幅面尺寸：170mm×240mm　印张：9　字数：137千

定价：45.00元

前言

千百年来，无数英雄豪杰上演了垒石筑台、招贤募士的惊天豪情。今天，宝安教育界正在搭建一个施展抱负、展示才华的舞台，让有志者同台竞技、共同成长，那就是建立了"名教师工作室"。

如果说一个人的思考能独立于天地之间，那么他便是整个世界。但是，如果一群人能把自己思考和实践的过程敞亮地向世人打开，那么所有世间的喧哗与嘈杂将会成为这群人的背景。"林苒名教师工作室"聚集了9位成员，形成了一个研究中华优秀传统文化的群体。这个群体合一，能倾听生命的歌唱；这个群体结集，将思考和实践静静地融入宝安这方水土当中。

这个群体用经典与教育交往，让传统与生命触摸，便有了此书——《含薰待清风——"林苒名教师工作室"中华优秀传统文化课堂实录》。他们知道：走平坦的路，脚窝最浅；走泥泞的路，脚印最深；在荆棘中跋涉的记忆最美。本书正是工作室全体成员在中华优秀传统文化这座大山上历阶而升，一步一个脚印、一个脚印一段思考的结果。无论是在经典书籍中汗流浃背地跋涉，还是在教育途中遭遇的每片荆棘，都留下了汗水与痕迹——它们有深、有浅，有久、有短，却是最美的。他们有过挫折、有过不解、有过担心，但从来没有过"放弃"二字。他们通过大量的阅读与思考迫使自己用战略家的眼光和谋略来看待自己以及自己的研究。他们的情怀与目的是干净透明的，是一种"教育如为山九仞，当思其中有我"的担当与勇敢，是"高屋建瓴做好学问，千古同心知行并进"的兴奋与情怀。

本书中的课例实录充分体现出三点内容：

一是继承传统不能脱离时代。中华优秀传统文化教育的最终目的是培养国际型和综合思维型人才。因此，工作室成员不仅仅立足于继承与弘扬中华优秀传统文化，更是站在深圳这个国际化大都市的层面上，经过沉入生活和深入教学的深层次思考，深切知道自己在教学中必须要有跨国视野和国际意识。他们身处改革开放最前沿，在结合区域实际和学校实际的同时帮助学生树立历史使命感，放眼未来，逐步培养学生面向世界、面向未来的意识。

二是学贯中西，兼容并蓄。曾经有人提出"中学为私，西学为公"的理论，认为在自身修养上更多地保持传统文化的某些内容，在公共领域尽可能地向西方学习。传统文化非但没有过时，而且有着不可低估的积极意义。早在两千多年前，我国最早的文献经典《易经》就已经总结了远古人类的智慧谋略。文中提出："蒙以养正，圣功也。"就是指对处于懵懂状态的学生施以正确的教育，引导学生讲规习礼，养成良好的道德和修养。中国古代圣贤哲人提出的"幼儿养性，童蒙养正，少年养志，成年养德"，高度概括了教育的根本宗旨所在，总结了教育的阶段性任务目标，认为教育应该从幼童开始，重视其道德品行，以养正启智为目的。

三是先做公民，再谈素养。我们一直强调教师要有儒者风范，学生要成为谦谦君子，但现代人首先要懂得如何做一个合格的公民。因此，工作室成员首先要以身作则，继而利用优秀传统文化培养学生的爱国主义情感，在对传统文化有所扬弃的学习过程中帮助学生形成健康的人格和正确的审美情趣，为其树立正确的人生观和价值观。在教育与受教育的过程中，无论是教师还是学生，都提高了自身素养。

可以说，本书的出版对于工作室成员不仅仅是外在的肯定，更是内化的提升。工作室成员在这个传统文化教育的书院中你讲一段,我说一场,才能实现用中华优秀传统文化圈养内心的目的,才能让学生在城市的钢筋水泥中,即使过着鲜衣怒马的生活,也能领会传统文化的妙语连珠。

  漫漫教育路,身后留脚印,含薰待清风。

林 苒

2018年10月4日

目录

上篇
弦诵：走出旧书斋

002　回到古代去旅行

009　中华"十德"国学课：礼

018　中华"十德"国学课：和

026　中华"十德"国学课：孝

036　中华"十德"国学课：智

046　做个受欢迎的人

下篇

歌咏：春雨润儿家

060 《承家风、扬家训》

067 《诗经·周南·关雎》

070 《诗经·周南·螽斯》

074 《登鹳雀楼》

077 《题西林壁》

081 《望庐山瀑布》

084 《夜书所见》

091 《赠汪伦》

094 给父母的情书

098 聆听国学故事　培养阅读写作

105 让赞美飞扬

110 我会学习、做事

114 学会做人　知耻后勇

118 中国美食

122 最妙的是下点小雪呀

126 坐井观天

上 篇

弦诵：走出旧书斋

回到古代去旅行

■ 林 苒

林老师：欢迎同学们来到国学殿堂。今天，我将带领大家到古代去旅行，领略一番古代的不同环境。

那么，今天究竟去哪一个朝代呢？让我们随着时光之船往回航行，回到1000多年前的长江岸边。那里有一个著名的王朝——宋朝，它前半期繁荣而昌盛，后半期丧权而屈辱。今天，让我们一起穿越到宋朝，去会会宋人、欣赏宋词。

北宋的首都是汴京，也就是今天的开封。今天，让我们一起回到北宋最繁荣的时期，欣赏一下宋朝人的服饰。

同学们都看过《水浒传》，里面的人物就是宋朝人。他们的穿着在一定程度上反映了宋朝的服饰特点。《水浒传》里有一个人物叫"一枝花"蔡庆。他为什么叫"一枝花"？因为他喜欢在头上佩戴一朵大红花，所以绰号叫作"一枝花"。

同学们可能会觉得奇怪：为什么一个杀人如麻的人在头上佩花？因为宋朝非常流行男子佩花。宋朝末年，有个皇帝叫宋徽宗，这是在历史上非常有争议的一个皇帝。宋徽宗喜欢戴着一朵花骑着马巡察，而当他要赏赐大臣的时候，赏赐的东西往往就是一朵花。

在座的男同学，如果去了北宋，头上统统要佩戴一朵大红花。那种情况实在是大大的不妙啊。我们可以想象一下，在他们帅帅的脑袋上戴着一朵大红花是什么样子。

学生：……（笑）

林老师：再看一下女子的服装。在宋朝，女子出门非常讲究，因为宋朝非常推崇儒家文化。我们都知道司马光砸缸的典故，砸完缸的司马光长大以后成了一位著名的大臣。他在《司马温公居家杂仪》中说"七岁男女不同席，不共食"，"妇人无故不窥中门……妇人有故身出，必拥蔽其面"。司马温公就是司马光，他认为女子无事不可出门。如果要出门，就要头上戴上面纱。如果不戴面纱，那就是有失妇德。所以，林老师可真不喜欢这个宋朝。但是这样的事情，在中国确实存在过。所以，我们要了解。

（出示《清明上河图》）

林老师：这是《清明上河图》最出名的一个片段，可以看出通衢大街上车水马龙，游人熙来攘往。大街上满布雕梁画阁、绣户珠帘，深街小巷内皆是燕馆和歌坊。无论是在酒肆还是歌坊，都响彻管弦丝竹之声。宋朝对士大夫的优厚待遇没有一个朝代比得上。你们知道什么是士大夫吗？士大夫就是古代有地位的知识分子。当时，士大夫的地位很高，朝廷给予士大夫极大的空间。所以，常常可以看到有很多的歌伎拉着丝弦，旁边很多文人士子在唱和。在那时，有固定的曲调，歌伎们会把这些曲调弹得滚瓜烂熟。

那么，要唱的话，需要什么？需要词，没有词怎么唱呢？于是，作词、填词的任务就交给了士大夫。同学们知道这个词是什么词吗？

学生：宋词。

林老师：我听有位同学说是宋词，没错。很难想象，在隋、唐、宋三朝，700多年间，中国曾经是一个流行歌曲的大国，很多的流行歌曲都出自民间。人们在传统雅乐沉闷的音律中沉浸了这么多年，希望有所改变。早在汉武帝刘彻登基后，就觉得那个时候的传统音乐非常沉闷。所以，他起用了一个人，名字叫李延年。此人长得非常帅，而他的妹妹更漂亮。李延年为了把自己的妹妹介绍给皇帝，于是在大殿上作了一首歌曲："北方有佳人，倾国又倾城，遗世而独立。一笑倾人城，再笑倾人国，倾城与倾国，佳人难再得。""倾城倾国"这个成语就出自这个典故。

这个故事说明，一直以来大家都想改变这种传统古乐。到了宋朝，人们就发现了一个与唐诗有关，却又与唐诗不一样的体裁，那就是宋词。

同学们可能会问：是不是到了宋朝以后，就没有诗了？

诗依然存在，但是经过了唐朝的巅峰鼎盛以后，逐渐跟老百姓的心灵无法吻合了。所以，依然有人在写诗，可是要超越唐朝的大诗人们太难了。那怎么办？于是，唐诗和宋词结合在一起，形成了当时的流行音乐歌词，一问世便受大众欢迎，一时流传于大江南北，成为另外一种文学体裁。宋词就此出现了。

如今，我们了解了宋朝人的穿着，知道了宋朝人流行的文化，再去聆听一下宋朝的音乐。

（再次出示《清明上河图》）

这是《清明上河图》另外一个片段，各种茶坊、酒肆都在这里。如果人们从这里走过，会听到阵阵不同于前的音乐，那就是弦歌。

什么是弦歌？首先，让我们来听一首古琴曲——《潇湘水云》。

《潇湘水云》是由宋代流传至今的一首古乐。整首作品的创作者郭沔在隐居湖南的时候，时常在潇、湘二水合流处游玩，望着远山被云水所蔽的景象，激起他对山河残缺、时势飘零的感叹而创作了此曲，以寄托眷恋之情。今天，为我们演奏这首作品的是古琴艺术的国家级非物质文化遗产项目的代表及传承人、一级演奏员龚一先生，有请龚先生。

（视频出示《潇湘水云》）

同学们，视频中音乐家演奏这首曲子用的乐器便是古琴。

元朝李治《敬斋古今黈》卷一："咏其辞，而以琴瑟和之，所谓弦歌也。"

弦歌，是由文人墨客填词，燕馆歌女演唱，并以琴、瑟按一定的曲调进行伴奏的表演形式。现在的乐谱，左上方会写着四四拍，下面有作曲者、作词者。这个作词者就好比宋朝的词人。宋朝的歌女按照一定的曲调来弹奏音乐，比如词牌名《鹧鸪天》《清平乐》等就是歌女弹奏的曲调。有曲调不能没有歌词，于是宋朝出现了一批鼎鼎大名的词人。当时所出现的宋词大都是靡靡之音，然而有一个人却开创了豪放一派的词风，在宋词上取得了很高的成就，他就是苏轼。

下面，我们就一起来认识一下苏轼，赏词会人。

苏轼，字子瞻，号东坡居士，与辛弃疾同是豪放派代表，并称"苏辛"。老师挺喜欢苏轼写的一首词《念奴娇·赤壁怀古》。为什么？因为词的一些描写很精彩，你看："乱石穿空，惊涛拍岸，卷起千堆雪。"我们用大白话可能要写很长的一段，但是苏轼仅三句话就把那种磅礴大气的情况描写了出来。

我们先了解一下这首词的背景："故垒西边，人道是，三国周郎赤壁。"这首词描写的是什么战争？

学生：赤壁之战。

林老师：对，他说的是赤壁之战。但是后来人纷纷论证，他们说苏轼的历史没学好，因为赤壁之战并不是在这个地方进行的，一直在争论。有一位著名的学者，叫余秋雨。余先生以诙谐的语言说："如果周瑜和诸葛亮穿越到了现在，看到大家议论纷纷，他俩可能会说：'好了，别吵了，我们就换个战争打吧；因为这场战争没有这首词的贡献大，而我们两个没有苏轼的贡献大。'"这说明什么？说明这首词非常有价值，意义重大。

首先，"遥想公瑾当年，小乔初嫁了，雄姿英发"。在词里面，苏轼把周瑜写得非常高大，帅气逼人，所谓"雄姿英发"正是描写他帅气的一面。然而，《三国演义》的作者却把周瑜描写得非常小气，最后竟然是被气死的。历史上，周瑜这个人非常了不得，20多岁就做了都督。但遗憾的是他生病了，最终病死了。周瑜文韬武略、智勇双全，还弹得一手好琴。"欲得周郎顾，时时误拂弦"，说的就是周瑜琴艺高超，如果有人不小心弹错一个音他马上就知道。有很多女子非常仰慕他，很想让周瑜看她们一下，那怎么办呢？只能"时时误拂弦"吧。只要弹错一个音，周瑜便回头瞪她一眼。为什么要瞪她？

学生：她弹错了。

林老师：是的，他的意思是：'你竟然敢光明正大地弹错音？'所以，很多人为了让周瑜回头看她一眼，于是就"时时误拂弦"。从这里可以看出，周瑜的音乐水平非常高。然而，还有一句诗可以看出他的形象魅力。

学生：羽扇纶巾。

林老师：这个"纶"字，可以读（lún）。但是有很多学者考证，在这个地方应该念纶（guān）。读（lún）的时候，别人有可能会听了不舒服。什么叫羽扇纶巾？同学们，在你们心目中，诸葛亮形象的特征是什么？

学生：拿一把扇子。

林老师：是的。但是苏轼却跟大家说，周瑜也拿着一把羽扇，而且头上包着一块纶巾。这是三国美男子的标志，也就是说周瑜在当时是引领着穿衣打扮的流行潮流。人们看到周瑜、诸葛亮等人手上拿着一把羽扇，头上包着一块纶巾，男子全都纷纷模仿，这就是周瑜的形象魅力。

所以，这首词不仅有很高的文学价值，更有历史价值。我们来朗诵一遍。

学生：大江东去，浪淘尽，千古风流人物。故垒西边，人道是，三国周郎赤壁。乱石穿空，惊涛拍岸，卷起千堆雪。江山如画，一时多少豪杰。遥想公瑾当年，小乔初嫁了，雄姿英发。羽扇纶巾，谈笑间，樯橹灰飞烟灭。故国神游，多情应笑我，早生华发。人生如梦，一樽还酹江月。

林老师：很好。这首词仅仅几句话就把赤壁之战中火烧赤壁的盛况写了出来："谈笑间，樯橹灰飞烟灭。"当时，周瑜用了反间计，在酒席之间就让曹操把他仅有的几员水将给杀掉了，所以他们只能把船连在一起作战。于是，周瑜一把火就烧赢了。后来，曹操觉得很不服气，甚至说是因为自己生病了，周瑜才能打赢这场战争。实际上，他只是输得不甘心而已。

我们再回到苏轼。苏轼的文学水平之高是毋庸置疑的，而且他身上还有很多值得我们学习的品质。

苏轼有一位好友名叫刘贡父，是宋朝当时一位非常有名的学者。有一天，苏轼跟刘贡父说："我和我弟弟在准备考科举的时候，吃过最好吃的饭是三白饭。"刘贡父一想，苏轼可是一个大吃货。他居然说三白饭好吃，那究竟是怎样的饭呢？于是，他兴奋地问："何为三白饭？"苏轼回答道："三白饭是什么呢？一碗白米饭、一碟白萝卜、一撮白盐，把它们加起来，便是天下美味。"说完就哈哈大笑。

刘贡父这才知道，原来苏轼在捉弄他，便不服气了。过了些时日，他说："我请你去吃皛饭。"苏轼觉得非常有意思，但是他忘记自己曾经以"三白饭"捉弄过刘贡父，当下就想："我且看看你这皛饭为何物。"于是，苏轼到了刘贡父的家。不一会儿，刘贡父慢悠悠地捧了三样东西出来。苏轼一看傻了眼：这是什么啊，不就是一碟白米饭、一盆白萝卜、一盆白盐吗？明明就是三白饭呀。他说:"瞧瞧你,你不是拾我牙慧吗?这不是你创作的。"刘贡父说:"非也,非也,这就是皛饭。皛字怎么写呢?皛字就是三个白字叠在一起。瞧,这不就是皛饭吗?一个是白米饭、一个是白萝卜、一个是白盐,这就是皛饭。"

苏轼一听,觉得非常不甘心。他说:"得,我请你吃毳饭。"刘贡父一想,这个苏轼又该捉弄我了,行,我跟你去吃毳饭。那天晚上,苏轼把刘贡父请到家里来,二人谈天说地,不亦乐乎。月上柳梢头了,饭还没出来。刘贡父抗议道:"我肚子饿了,你的毳饭还没出来,怎么回事?"苏轼说:"少安勿躁,等会就出来了。"于是,二人又开始聊天,然而等了好久还没开饭。刘贡父急了,说:"不行不行,我饿坏了,你赶紧把毳饭拿出来。"苏轼说:"饭已经端出来了啊。"刘贡父说:"什么?我什么也没吃,你居然说那个饭端出来了?"苏轼说:"你知道这个毳字怎么写吗?三个毛字组成。白米饭毛了、白萝卜毛了、白盐毛了。""毛"字的发音,同客家人说的"没有"同音。就这样,苏轼又狠狠地捉弄了一下刘贡父。

同学们,他们二人的捉弄是善意的、积极的、学术的,实际上是在比拼各自的才华和学识。这种互相的调侃不但学到了东西,还能让彼此开怀。可以看出,苏轼是一个非常幽默的人。

学生:……(笑)

林老师:苏轼是个非常有意思的人。所以,很多人杜撰了不少关于苏轼的趣事。据说,苏轼上京考试时,某些已经考取了功名的文人对苏轼很不服气,因为苏轼受到当时文坛盟主欧阳修的赏识。有一天,那些文人想了一个办法准备戏弄苏轼——请苏轼吃饭。苏轼欣然前往。到地方后,苏轼发现事情不对劲,为什么?因为这些文人说:"饭不能随便吃,我们都是文人,凡事要找一些由头才能吃饭。我们每人都要说一个对子,而这个对子里面不仅要包括我们桌上的菜,还要有典故,说完才能吃。"

第一个人就开始说了。他说:"姜子牙渭水钓鱼。"大家都知道姜子牙吧?

学生:知道,姜太公。

林老师:对。此人讲完后,大家一片欢呼,于是他把鱼吃掉了。

第二个人又继续说:"秦叔宝长安卖马。"秦叔宝就是唐朝的秦琼,是老百姓春节贴在门上的一个门神。秦琼在跟李世民打天下之前，非常贫穷。在他走投无路之时，把最心爱的马卖掉了。大家也是拍手称欢，那盘马肉被此人拿走了。

第三个人说："苏子卿贝湖牧羊。"苏子卿是苏武，即苏武牧羊。羊肉被拿掉了。

紧接着，又一人说："张翼德涿县卖肉。"张翼德是谁？

学生：张飞。

林老师：对，肉就被拿走了。下一个马上说："关云长荆州刮骨。"关云长是谁？

学生：关羽。

林老师：没错。《三国演义》当中描述：关羽被毒箭射到了臂膀，华佗为他刮骨，而他面不改色。于是，骨头被拿走了。

最后一个人急了，因为桌面上只剩下青菜了。他紧接着说："诸葛亮隆中种菜。"诸葛亮在《出师表》里有这么一句话，他说："臣本布衣，躬耕于南阳"，说自己在南阳那里是种菜的。于是，最后一盘青菜就被拿走了。

这一下可麻烦了，所有的菜都没有了，怎么办？大家哈哈大笑地看着苏轼。可是，苏轼却面不改色，站起来说了一句："秦始皇必吞六国。"然后，他哈哈大笑地说："诸位，承让了，承让了。"他把六个菜全部放到了自己这边，把袖子一撸，拿起筷子大口吃菜、大口吃肉。大家都傻眼了，傻乎乎地坐在旁边，看着苏轼大快朵颐。

这就是苏轼的趣事。

今天这节课信息量非常大。同学们可能一下记不了那么多。这节课主要是为了带着同学们走近国学，让大家了解中国传统文化之精髓。长大以后，你们会觉得这节课留下的不只是一个痕迹，而是在你们的思想里面深深地埋下一颗名为"中华优秀传统文化"的种子。今天的课上到这里，下课！

学生：谢谢老师，老师再见！

中华"十德"国学课：礼

■ 林 苒

林老师：同学们好！

学生：老师，您好！

林老师：请坐。

学生：谢谢老师！

林老师：今天，我们在这美丽的国学堂里上一节中华"十德"国学课。大家一起读一下课题。

学生：《礼之初，始于己》。

第一环节

林老师：同学们，中国是世界四大文明古国之一，被世人称为"礼仪之邦"，礼乐制度有三千多年的历史了。某天，我去浙江博物馆参观，馆里的镇馆之宝叫作"春秋伎乐铜屋"。这是什么东西呢？我们先看一下视频。

（视频）

林老师：春秋伎乐铜屋是目前为止保存最完整的古代青铜房屋模型，完整地表现了礼乐制度的仪式。伎乐铜屋里的人在祭天，感谢天地为人类提供食物、住处以及生活的种种物资。

中国在周朝的时候就已经建立了一整套的礼乐制度。到了春秋战国时期，旧周礼依然延续着。同学们，古代打仗是有规定的，不是说打就打。如果说某个国家的大王驾崩了，还没有做完国丧，按礼是不能打的；如果敌军还没有排好兵布好阵，也不能开打。

历史上就有这么一个人——宋襄公。《左传》中记载，宋楚两国要打仗，宋军率先在泓水的一边作为阵地，排好了队列，而楚军则是从另一边渡过泓水前来应战。在楚军渡河的过程中，宋国臣子跟宋襄公献计献策说："咱们来一个突然袭击，等对方还没有完整结阵的时候出兵，定可让楚国溃不成军。"不想，宋襄公脸色一沉，说："这如何使得？君子在战争中一不能攻击已受伤之人；二不能攻击头发斑白之人；三不能在敌人处于险境之时落井下石。如今敌方未做好准备，我们绝对不可突然袭击！"于是，等着楚军全部过河之后，宋军才展开攻击，结果寡不敌众，宋军大败。宋襄公在战争中也受了伤，回去后不久便驾崩了。

然而，宋襄公却有一个非常伟大的后代，被人们誉为"素王"，此人把这一套礼仪制度发扬光大了。这人是谁呢？他就是大家都非常熟悉的孔子。

所以，咱们这节课就学习一点"素王"孔子提倡的礼仪，如同课题——《礼之初，始于己》。

礼之初，始于己。什么意思？要做一个有礼貌的人，我们需要从自身做起。首先，让我们来认识一下古代的礼仪。古代人举手投足都有严格的规定。如果见到了一位很久没见的朋友，你该怎么说？

学生：你好。

林老师：很好，你非常有礼貌。但是，你知道古代人是怎么样行礼吗？春秋战国的古礼，不是握手礼，而是作揖礼。大家读一下作揖礼，预备起。

学生：作揖礼。

林老师：有同学可能说作揖礼就是拱手礼，对不对？

学生：不对。

林老师：作揖礼是很有讲究的。我们看一下古代是怎样行作揖礼的，看完后同学们模仿一下。

（视频）

林老师：这是电影《孔子》的一个片段。

古代有一本书叫《易经》。《易经》里面说，左属阳，右属阴，而男属阳，女属阴，男左女右。所以，在行作揖礼的时候，男子要左手放在外面，右手叠在左手的里面；女子则反之。

这种礼仪早已经淹没在历史长河里了，我们不需要复古，但是要知古。因此，我们可以体验、了解一下，并把各种礼仪放在记忆里留存。下面，让我们来共同体验一下作揖礼。

（学生行作揖礼）

林老师：其实作揖礼还有分类，对不同的人有不同的讲究。比如，对穿貂皮大衣的人要九十度行礼。古代怎么区分人的地位尊贵呢？看他穿的衣服——貂皮大衣只有皇亲贵族才能穿。但有人说了："我是猎人。我在打猎时得到一块品质极好的貂皮。我用来制作衣服给自己或家人穿，行吗？"事实上，在当时等级森严的社会这样做不行。一旦这么做，你就触犯了法律。只有把这些貂皮献给国君、诸侯王或皇亲贵族，才不会被责罚。这也可以视为当时的礼仪。

下面说如何回作揖礼。如果是晚辈，我们可以幅度轻微一点；若是平辈，则要互相真诚地作揖。

同学们，我们再来体验一下古礼。你们可以轻轻地走出去，向在场的一位老师打个招呼。

（学生走到听课老师当中，行作揖礼）

林老师：作揖礼，男子哪只手在外面？

学生：左手。

林老师：女子哪只手在外面？

学生：右手。

林老师：记得男左女右。为什么男左女右？同学们还记得吗？

学生：男属阳，女属阴，左属阳，右属阴，所以是男左女右。

林老师：现在，我们来了解一下第二个礼仪——"正衣冠"。古代人很重视自己的服装，每次去见人的时候，首先要把衣服整理好，才能走到别人面前跟他说话。

给大家讲一个《子路死而冠不免》的故事。春秋战国时期,有一个叫子路的人。子路是谁呢?他是孔子的七十二弟子之一,是卫国大夫孔悝的邑宰。

当初,灵公有个宠妃叫南子。灵公的太子蒉聩曾经得罪过她,因害怕被杀就逃出都城。当灵公临死之际,南子想让公子郢继承王位。公子郢不肯,说:"太子逃走了,而他的儿子辄还在呢,如何能立我?"于是,灵公便立辄为国君,也就是卫出公。在卫出公继位十二年间,他的父亲蒉聩却一直流亡在外不能回国。心有不甘的蒉聩趁机与孔悝作乱,用计谋带人潜入孔悝家,准备与他的党徒行刺卫出公。卫出公仓皇地逃到鲁国,蒉聩便堂而皇之地进入都城成为国君,这就是卫庄公。

此时,子路正跟随着孔子一起周游列国。因为他是卫国大夫孔悝的邑宰,听到这个消息立刻赶回去。刚进城门,子路就遇到出城门的子羔。子羔一见,着急地说:"卫出公都已经逃走了,城门也已经关闭,你赶紧返回孔夫子身边吧,不要白白为他遭受灾祸。"然而,子路却大义凛然地说:"吃着人家的粮食,就不能逃避人家的灾难。"子羔无奈,最终离开。

此时,恰好有使者要进城而城门大开,子路趁机随后而进。当他造访蒉聩时,却见蒉聩与孔悝在台上。子路气极,说:"您怎么可以任用孔悝?我不能让一小人在您身边,请让我捉住他、杀了他。"随后,子路发现蒉聩并不理会自己的劝告,一气之下要放火烧台子。蒉聩大怒,让众人攻击子路。子路寡不敌众,而且被人击断了帽带。临死之前,子路说:"君子可以死,帽子不能掉下来。"随即,在众多戈把身体刺穿之前,他系好帽带,堂堂正正地死去。

在古代,只有有身份者才能带冠,平民只将发髻包在布巾中。所以,古代的士大夫称为"衣冠",而平民则称为"布衣"。冠,对于一个君子来说是很重要的。对于子路而言,虽然是跪在了地下,也要忍着剧痛,把冠拿起来,戴在头上。他说:"君子,死而冠不免。"意思是即便死了,也不能让冠掉下来,要有尊严地死去。

孔子听到以后很伤心,但是他却表扬了子路的做法,因为他认为穿着是一个人尊严和修养的最大体现。

那么,我现在有个问题:"小学生怎么样才是'正衣冠'?"

学生：衣服要整齐。

林老师：比如，扣子要怎么样？

学生：要扣好。

林老师：对了，"正衣冠"并不是说把衣服穿上就行了，而是要注意细节。比如，一个人不能穿着拖鞋来学校，也不能头发乱蓬蓬地走在大街上。

同学们每天穿好衣服后，照着镜子把领子翻好，再戴上红领巾，然后把扣子扣好，鞋袜都要干净。每个学生都要做到。

现在，我们来互相检查一下，你的同桌是否"正衣冠"了？

（学生互相检查）

林老师：我看了一下每个同学穿的衣服都很整洁。同学们，一个人长得漂亮不漂亮没关系，但是要穿着整洁。老师给你们点赞。

下面我们再来看第三个礼仪是什么。

进门要"问孰存"。"问孰存"是什么意思？我演给大家看。现在，我请一位同学上来扮演老师，我是学生。

（一名学生坐在讲台上）

林老师：现在，这位同学，你是老师，坐在讲台上改作业。我过来了，且看我首先做什么动作：咚咚咚，请问我能进来吗？

饰演老师的学生：请进。

林老师：当老师说"请进"时，我才抬步走进去。谢谢你，你可以回座位了。同学们，敲门、请问这两个动作就是"问孰存"，也就是问你在不在的意思。春秋战国时有这样一个规矩：当你到了别人房门前，如果发现门前放着一双鞋子，你可以"问孰存"；但是当你发现门前放两双以上的鞋子，就不可以敲门"问孰存"了。为什么呢？因为他们有可能在里面商量一些秘密的事情。作为一个君子，不立危墙之下。所以，要等到里面的客人出来了，再过来敲门"问孰存"。

同学们，在现实生活当中，我们也要学会"问孰存"。当大家到办公室找老师时，要怎么样？

学生：要先敲门，当老师说"请进"后才能进。

林老师：好，我来找两位同学演示一下。

（两名学生演示）

学生：老师，我能进去吗？

饰演老师的学生：请进。

林老师：非常感谢，谢谢你们两位！同学们，这就是现代的"问孰存"。中国是礼仪之邦，中华民族是有礼貌的民族。无论你身处何方，都要把文明礼貌时刻记在心间，并践行到自己的言行举止上。彬彬有礼地做人，落落大方地做事，方不愧为现代中国公民。

第二环节

林老师：现在，我们进入第二个环节，聆听礼仪故事。

这个故事是关于孟子的。有一天，孟子在外奔波很辛苦，到家后想着马上回房休息。于是，他急匆匆推门而入，打开门后吓一跳，又赶紧把门关上。为什么？原来，他的妻子平日里侍奉公婆、操劳家务，已经很疲惫了。当她回到房间后，想着既然没人在房间里，就随意一点儿吧。于是，她就身穿中衣躺坐在地上。孟子一看很生气，急匆匆地跑到了母亲面前，不假思索地说："我要跟我的老婆离婚。"他的原话是："妇无礼，请去之。"孟母就问了，你为什么要跟她离婚？孟子说她没有礼貌，踞坐在地上。孟母问孟子是怎么知道的。孟子说自己亲眼看到的。睿智的孟母说："乃汝无礼也，非妇无礼。《礼》不云乎？'将入门，问孰存。将上堂，声必扬。将入户，视必下。'不掩人不备也。今汝往燕私之处，入户不有声，令人踞而视之，是汝之无礼也，非妇无礼也。"

什么意思呢？孟母的意思是说："这是你没礼貌，不是你的妻子没礼貌。《礼记》上不是说了吗？人将要进屋的时候，应该先问屋中是否有人在里面；将要进入厅堂的时候，必须先高声传扬，让里面的人知道；将进屋的时候，必须眼往下看。《礼记》上这样说，为的是不让人没准备就迎客。你到妻子闲居休息的地方，进屋没有声响。正是因为这样猝不及防，才让你看到了她两腿伸开坐着的样子。这是你无礼在先，并非是你妻子没礼貌！"

其实，孟母就是想问孟子："你'问孰存'了没有啊？"孟子一想："对啊，我开门的时候，没有问就一头冲了进去。我没有提醒妻子，是我先无礼，不是妻子无礼。"他顿时觉得非常羞愧，就回到房间，跟妻子认真地道了歉，两个人又和好如初了。

同学们，刚才的故事我们只要记住一点：中国人自古以来都是非常重视礼仪的。

那么，为什么说踞就是无礼呢？踞是什么呢？踞是箕坐。双手撑在地上，把双腿往前一摊叫箕坐。在古代，这种坐姿是最没有礼貌的。

古代的坐姿大概有以下四种：第一种是箕坐；第二种是趺坐；第三种是散坐，这是最舒服的，到现在为止，韩国人都会这个动作；第四种是跽坐，就是双腿跪坐，到现在为止，日本人还保留着这种坐姿。

今天是古代礼仪体验课。我们请四位同学来模仿一下这几种坐姿。

（四位同学上台模仿古代坐姿）

林老师：在座的女同学请注意，当你们穿裙子的时候，一定要把两腿并拢着坐。这是体态优雅的表现，也是保护自己的动作。谢谢这四位同学，给他们一点掌声。

现在，让我们回到现实当中。作为小学生，你们上课时应该有怎么样的坐姿？

（请同学展示正确的上课坐姿）

学生：我们应该是双脚平踏地面，双手平放桌面，背挺直，眼睛看着林老师。

林老师：很好，如果每位同学都能做到这一点，那么课堂上的知识点你们都会记在心里，课堂效率就能大大地提高了。

（屏幕展示一块有图案的汉砖图片）

林老师：同学们，这是一块汉朝的砖。这块砖上有一个侍女。她手上拿着一把像镰刀一样的扫帚。这是什么意思？后来查了资料，我发现这是一种礼仪——对待国君、领导、长辈最尊重的一种礼仪。于是，我进一步找资料，翻出了一个很有意思的成语。

原来这个礼仪叫作"拥彗先驱"。"拥"是"拿"的意思，"彗"是"扫帚"的意思，"拥彗"就是拿着扫帚，在前面为客人引路，表示对来访者的敬意。早在春秋战国时期，有一位著名的阴阳家邹衍，他的学说非常受当时君王们的喜欢。当他到齐国的时候，齐王非常重视；当他前往魏国时，魏惠王竟然亲自到郊外欢迎他的前来；当他前往赵国时，平原君为了表达对他的尊重，侧着身子陪同他行进，并且亲自拂拭座席；当他到了燕国，燕昭王见他已经受到如此多的重视，为了突显自己礼贤下士，燕昭王拿着扫帚在前面清扫道路，然后坐在学生的席位上向邹衍请教，并修建了一座宫殿让他住进去，以便亲自前去向他学习知识——这就是"拥彗先驱"的典故由来，出自《史记》卷74《孟子荀卿列传》。

到了汉朝，"拥彗先驱"成为最高待遇。当家里有贵宾来访时，侍女们会先拿扫帚把道路全部扫干净，然后站在两旁欢迎贵宾。可是我想，扫帚扫了地以后会有脏东西沾在扫帚上——当我们扫树叶时，肯定会在扫帚上留有一两片枯叶，一抬起来，脏东西也掉下来了。

后来再查资料，原来这里拿的并不是真正的扫帚。这种最高礼仪待遇的道具是桃枝。因为商朝是非常重鬼神的，他们认为桃树可以避邪。后来，这个传统就流传了下来。汉朝人拿桃枝做成"彗"，列队欢迎接待贵宾。

《史记》上还有这样一件事情：汉高祖刘邦衣锦还乡时，臣子们就早早告诉了他的父亲刘太公。刘太公一开心，就让侍女们"拥彗先驱"，列队准备欢迎儿子回家了。刘邦一看不对劲。为什么？古代人很重视孝道，特别是在汉朝以后。古代有一种说法叫"君君、臣臣、父父、子子"，意思是说君王要有君王的样子，大臣要有大臣的样子，父亲要有父亲的样子，儿子要有儿子的样子。而如今，父亲为了迎接儿子回家，居然用最高的礼仪来迎接，把刘邦吓坏了，他赶紧下来把父亲扶了起来。

同学们，这说明什么啊？这说明中国有完整的礼仪制度。不只是古代，现代社会也有完整的规章制度存在。我们要遵循社会公约，才能更好地融入这个社会。同学们，上课的礼仪是怎么样的？请表现出来。

（同学们立刻坐端正）

林老师：没错。上课时要脚放平，双手平放，身体坐好，耳朵要专心听讲。下课见到老师要怎么样？

学生：问好。

林老师：非常好。那么，当你见到父母的朋友时，要怎么做？

学生：问叔叔阿姨好。

林老师：如果你见到一位经常在小区里搞清洁的阿姨时，要怎么做？

学生：也要向阿姨问好。

林老师：为什么？

学生：因为如果没有她们的辛苦付出，就没有干净的家园。

林老师：太棒了！同学们，这就是一个人应有的教养。今天，林老师把古代的礼仪一点一点告诉同学们，其实是为了让你们知道，作为小学生，你们首先要遵守学校及班级的规章制度，长大后才能学会遵纪守法；作为小学生，你们要学会尊重别人、尊重自己，才能受到别人的尊重；作为小学生，从小就要做有教养、有礼貌、有公德心的人。这样，我们的社会才会更美好。

中华"十德"国学课：和

■ 林苘

林老师：非常欢迎各位领导和家长来参加这节中华"十德"国学课。今天，我们把国学的精髓与生活的艺术相结合，让国学走出旧书斋，走进我们的生活当中。所以，我们今天召集家长和学生一起上一节亲子课。课题是——

学生：《中华"十德"国学课：和》。

第一环节：与邻里和平相处

林老师："和"是我们中国人的交往精神，也是传统文化的精髓。我们总说"和为贵"。对于二年级的学生来说，怎么做才算"和为贵"呢？我在这里先给大家讲一个故事。

清朝有一位宰相，叫张英。某天，张英收到了一封家书，信中说他们家隔壁的邻居要盖楼，要在他们家墙的旁边多修出三尺来。张英的家人觉得特别不甘心："凭什么啊，这条巷子是我们两家共同的道路，而我家还出了宰相，别人巴结还来不及，你竟然还敢占我三尺墙？"是可忍，孰不可忍！于是，家人便提笔写了一封信给张英。看完信，张英就笑了，说："千里家书只为墙，让他三尺又何妨？万里长城今犹在，不见当年秦始皇。"家人一看回信豁然开朗，于是主动让开了三尺。结果，对方一看也不好意思了，心里感慨道："真是宰相肚里能撑船。"于是，当机立断也往后退了三尺。三尺加三尺等于多少尺呢？

学生：六尺。

林老师：对，这件事情一下传遍了方圆几百里，真是美名远扬呀！后来，大家就给这个巷子起了一个名字，叫作——

学生：六尺巷。

林老师：对，这个六尺巷现今还保存着呢。这个故事告诉我们什么叫"和"呢？"和"其实很简单，就是邻里交往之道。对于你们来说，邻里交往很简单，和邻居小朋友的玩乐、亲戚之间的交谈、同学之间的交往等，都是邻里交往。那么，我想问一下，你们觉得同学之间应该怎么交往？

学生：如果是同学，那么在上美术课的时候可以借给他东西了。

林老师：他说美术课的时候可以借给同学东西，其实是什么？

学生：礼让。

林老师：真棒，给他最热烈的掌声。二年级的学生会用"礼让"这个词，太棒了。"和"就是互相帮助。

第二环节：与朋友交往要和颜悦色

林老师：这里有两个人，我介绍给大家认识。他们两个是好友，都是和尚。知道这幅图的标题叫什么吗？读一遍。

学生：《和合二仙》。

林老师：对，这幅图就叫《和合二仙》。在民间，人们结婚的时候会有和合二仙的图画。图的旁边还画了很多吉祥物，寓意着夫妻二人从此后和睦相处。其实，这两个和尚叫寒山与拾得。

寒山是一个厨僧。什么是厨僧呢？厨僧就是在寺庙的厨房里做事情的和尚。寒山这个人特别有意思，他满腹才华，可是思维跟别人不一样，行为也非常张狂。有一次，他遇到了一个人，叫拾得。拾得身世悲惨，是个孤儿，被寺庙里的和尚捡回来，所以名字叫"拾得"。

二人一见如故，而且在交往中互相鼓励、互相扶持。古代人喜欢题字，而这两人也常常到处留字。两个人的诗作、对答都非常出名，于是有心人把他们两个的言论、题字收集成册，叫作《寒山子集》。后来，因为他们太有才华了，就做了寺庙主持。再后来，他们都曾在同学们知道的一个寺庙做过主持。大家想一下，这是什么寺？

学生：寒山寺。

林老师：对，他们都曾经是寒山寺的主持。这两个好朋友是如何和睦相处的呢？有一次，他们二人聊天。寒山就问拾得："世间谤我、欺我、辱我、笑我、轻我、贱我、恶我、骗我，该如何处之乎？"拾得说："只需忍他、让他、由他、避他、耐他、敬他、不要理他，再待几年，你且看他。"

同学们，你们看，两个人曾经都被人看不起。一个是寺庙里最低等的僧侣，一个是连父母都不知道是谁的孤儿。然而，他们并不自卑，而是互相扶持、互相鼓励。一人心里不舒服，对方马上安慰并鼓励他，帮他走出困境。

各位家长，低年级的学生交往时碰碰撞撞是很正常的。学生不会分辨错与对，所以有时候他们回家跟你说今天谁谁谁打了我，并不是真的在向你诉苦，更多是想让你知道而已。很多家长在孩子低年级的时候，非常重视孩子之间交往时发生的打架事件，而到了高年级却不在乎孩子的心理历程了。我想告诉各位家长，当你的孩子到了五、六年级，他的这种心理变化尤其重要。因为高年级的学生即将进入青春期，他们敏感、害羞，恐惧新事物，对一切有自己的想法，却发现这种想法有时跟现实社会格格不入。于是，他们开始出现叛逆的行为：男同学喜欢用拳头说话，女同学喜欢用肢体语言说话。

同学之间怎么和睦相处、互相帮助呢？我想问一下同学们，如果你忽然被另一位同学碰了一下，还被撞倒了，你应该如何做？

学生：跟老师说。

学生：不要理他。

学生：学会礼让。

学生：懂得宽容。

林老师：各位家长，听到同学们那么多的回答，我们知道他们其实是懂得如何与同学相处的。所以，家长们，我们要学会分析自己孩子的心理，然后告诉他们被别人碰到的时候该怎么做，要帮助他们分析：第一，这位同学是不是不小心碰到你的；第二，碰到你以后，你应该怎么做；第三，接下来的事情，你该怎么做。这是教育学生和平相处"三部曲"。家长们，我们处理这种碰撞事件的时候，没必要纠结谁对谁错，重要的是培养孩子处理事情的思维，锻炼他的处事能力。

第三环节：家人之间要和睦相处

林老师：同学们，接下来我们探讨如何使我们的家庭和睦？先来看一段小视频。

（视频）

林老师：这是什么动物？

学生：熊猫。

林老师：是的，一对互相帮助的熊猫，非常可爱。同学们，你们在大人的心目中也像熊猫一样，萌萌的。萌萌的熊猫能够互相帮助，你们能不能做到？

学生：能。

林老师：那么，我们来朗读一下这句话：家人之间要——

学生：家人之间要和睦相处。

林老师：各位家长，各位同学们，这里就到了本节课最重要的环节，也是让家长一起来听课的原因之一。一个家庭氛围如何，就会培养出怎么样的孩子，也就是说你想让孩子以后变成什么样子，你就要营造什么样的家庭氛围。同学们，你们还记得孔融吗？

学生：记得。

林老师：今天，老师讲的有关孔融的故事叫作"一门争义"。

孔融家学渊源，是孔子的二十世孙。他为建安七子之首，文才甚丰，后来为曹操所用，后因劝阻曹操攻打刘备而被处死。

孔融有几个哥哥，其中一个叫孔褒。孔褒有一个很好的朋友，叫张俭。东汉末期，"党锢之祸"迭起，宦官把持朝政，大肆搜捕、诛杀正直之士。张俭不小心得罪了一个宦官而遭到追杀，慌不择路跑到了孔家。那天，孔褒不在家，只有十六岁的孔融在家。因孔融年纪太小，张俭没有把实情告诉他。孔融见张俭形色慌张，便把张俭留下。他说哥哥的事情就是我的事情，就把张俭藏在了家中。

后来事情败露，张俭逃走，孔融、孔褒被逮捕下狱。孔融说"这个事情是我引起的，我收留了张俭，你抓我吧。"孔褒却说："彼来求我，非弟之过。"意思是你不能抓他，张俭是我的朋友，跟弟弟无关。这个时候，孔母出来了，说"他们两个都是我教出来的，你不能抓他们，你抓我吧。"结果"一门争义"的事情一下子就传播开来。

这个故事告诉我们什么？孔家能够一个个地为家人舍身去死，说明这个家庭家风清白，他们有共同遵守的家庭美德。在这个家庭里成长的孩子怎么能不优秀？这个好家风是怎么做到的？

家人之间要和睦相处，第一点：夫妻之间不要吵架。我想请爸爸妈妈没有争吵过的同学举手。请你们很自豪地站起来，为什么要站起来？站起来就是为了表扬你们的家长。请坐。

给大家讲一个案例。有一天，我女儿跟我说："妈妈，我同学的爸爸妈妈吵架了，她不知道怎么办，我也觉得难办了。"女儿说难办，因为她从来没经历过爸爸妈妈吵架，所以不知道怎么办。其实女儿在说这句话的时候，我是很自豪的。我为她营造了一个健康向上的家庭氛围，所以她没有跟别人至少没有跟同学吵过架。女儿是一个宽容的孩子，而这种宽容的品质是从爸爸妈妈身上悟出来的。

各位家长，我们都知道，世界上没有不吵架的夫妻。如果从来不吵架，那就和陌生人差不多了。如果实在要吵架的时候，请你关上门，小声地吵。这可是一项法宝。我跟我家先生小声吵的时候，吵着吵着就没事了。如果对方大声一点，另一人马上"嘘，不要这么大声，女儿在外面！"吵着吵着就不吵了——这是一个非常好的冷静方式。如此一来，孩子便在这种氛围当中认为家庭是健康、和谐的，所以自己是最幸福的，很安全。

第二点：和孩子说话一定要有分寸。费孝通老先生说过一句话，我经常说给家长听，这句话是这样说的："孩子出生的时候就像一个入国未问禁的蠢汉。"我们都知道，每个人初入一个国家，必须要知道这个国家禁止什么。然而，孩子生下来面对的所有规矩都是大人设置的。孩子到处碰壁，因为这个世界上没有一个规矩是给他们设立的。这个时候他怎么办？他们会去模仿最近的榜样，那就是家长。他们会模仿家长的言行举止、处事方式和道德规范。

当我们跟孩子说话时，一定要有分寸。一旦说出的话伤害到他，脆弱的孩子会记很久，所以家长要懂得讲话的艺术。

下面有一段视频，大家看一下。

（视频：因为有爱，每句话要好好说，现在开口说爱，让爱永传）

林老师：这是一段非常感人的视频。我每次看的时候都想掉泪，因为触碰到了内心最脆弱的那根弦。现在，我想让在场的家长先给我们可爱的孩子一个深深的拥抱，告诉他："孩子，我爱你。"再告诉他："孩子，如果我曾经说话伤害到你，请你原谅我。"要跟他说，悄悄地说。

（家长抱着孩子互动，说悄悄话）

林老师：好，我想问一下同学们，当妈妈不小心说了一句话，你觉得受伤害的时候，你会怎么呢？你会觉得妈妈很讨厌，会觉得"妈妈，你太过分了"，或者觉得"妈妈，我不喜欢你了"，会这样吗？

学生：不会。

林老师：太好了，我好喜欢你们。如果妈妈一不小心说错了话，我们要怎么办？

学生：提醒她。

学生：不要记在心里。

学生：原谅她。

林老师：为什么要原谅她？

学生：因为妈妈平时太累了，她为我们付出了这么多，即使是不小心说错了话，也应该被原谅。而且，我们也总是说错话呀。

林老师：我觉得我们班的同学太棒了！其实妈妈很忙，有时候一忙起来，她的思路可能转得不是很快，于是一下子说了一句伤人的话。其实当她说完了以后，心里面可能会觉得特别难受、特别内疚。可能她一下子没反应过来说对不起，但是同学们，千万不能说妈妈做错了、妈妈要负责，因为爸爸妈妈太伟大了，他们全身心在爱着我们，不需要任何回报，所以我们要孝顺父母。

所以，接下来我们该怎么做。我们来一起念一下。

学生：香九龄，能温席。孝与亲，所当执。

林老师：这是说我们要孝顺爸爸妈妈，还要友悌兄弟姐妹。"悌"的意思是要友爱我们的哥哥、姐姐、弟弟、妹妹，要跟他们友好相处。因为一旦爸爸妈妈老了，哥哥姐姐远离了我们，再想去做这个事情就做不到了。下面还有一个很感人的视频。

（视频：这个视频是一个电视台找了很多孩子和他们的妈妈或者爸爸一起拍的。工作人员给爸爸妈妈化了妆，让他们提前老去，而事先不让孩子知道。当孩子们看到了已经老去的父母，一下子崩溃了。）

林老师：同学们，回头看一下你们的妈妈，她们在流泪。

学生：看到了。

林老师：知道为什么妈妈这么感慨吗？因为她们的妈妈现在已经老了，在她们小的时候，也无法想象她们的妈妈会像现在这么老。那么现在，同学们，请你们好好看一下自己的妈妈，记下她现在的样子，因为老了以后，她可能再也没有这么美丽了。

接下来这一个环节是"寻找父母的味道"。前天，在我的房间里，女儿拿着我的一件衣服拼命地闻，我说："你这是干什么啊？"她说："妈妈，你有一股香味，你知道吗？"我说："什么样的香味，你能闻出来吗？"她说："你肯定闻不出来自己的味道，可是我能闻得出来。我发现你身上有水果味道，非常好闻。当我生病的时候，只要能闻到妈妈身上的味道就觉得舒服了。"

下面进行这节课的最后环节。同学们，你们去抱抱爸爸妈妈，闻闻他们身上有什么味道。你们要扑到他们身上去闻，等一下我要提问。

学生：有一点点牛奶的味道。

学生：有一点点厨房的味道。

林老师：这是家的味道。

学生：有玫瑰的味道。

林老师：好浪漫。

学生：有茉莉花的味道。

林老师：你一定是诗人。

学生：水果味。

林老师：相信你是个小吃货。

学生：一股花香味。

学生：苹果味。

学生：香水味。

学生：草味。

林老师：青草，大自然的味道，妈妈肯定很爱远足。

学生：橙子的味道。

学生：芒果的味道。

学生：烟味。

林老师：爸爸抽烟，烟味也是一种亲人的味道。

学生：阳光味。

林老师：阳光的味道。你这个回答让人吃惊，为什么会觉得是阳光的味道？

学生：因为我妈妈天天出去晒太阳。

学生：温暖的味道。

林老师：这是一个小作家。

学生：油烟的味道。

林老师：妈妈天天给你做饭。

学生：香水味。

林老师：同学们，让我们都每天闻一下父母的味道，别样地孝顺他们一下，那么整个社会都会很和谐。最后，同学们送给家长一个小礼物，这是他们提前准备好的"天使之吻"卡片。家长们知道这么一个卡片吗？

家长：不知道。

林老师：同学们，把这个卡片送给你们的爸爸妈妈，最后再狠狠地亲亲他们。

（家长和孩子互动）

林老师：各位家长，各位同学，"和"最重要的核心就是与邻里和平相处、与朋友交往和颜悦色、家人之间和睦相处。我要说的最后一句话就是："家和万事兴"。今天，我们这节课就上到这里，谢谢大家，再见。

学生：老师辛苦啦，老师再见。

（掌声结束）

中华"十德"国学课：孝

■ 林 苒

林老师：尊敬的各位领导、各位嘉宾，亲爱的各位家长、老师们、同学们，大家上午好！

三生教育孕育文明灵魂，向导课堂培养智慧人生。这里是2013年宝安区中小学幼儿园"生存、生活、生命教育"新学期开学第一课的主会场。

我们刚刚度过了一个非常重要的中国传统节日——春节。我认为这是一年当中最温暖的节日。因为在这个节日里，家人都相聚在一起，有些家庭是三代同堂，有的甚至是四代同堂。大家可能还记得，相聚的那一刻是多么温暖、多么开心，到处都是团圆的气息。

今年的《春节联欢晚会》上有一个引人入胜的魔术节目，一下子击中了老师的心。那是一个极其有力量又温暖的节目。现在，让我们重温一下。

2013年《春节联欢晚会》魔术表演视频。旁白："我特别想家，每次想家的时候都会看这个碗。这个碗很像我小时候吃饭的一个碗，看到它就有家的感觉。家的温暖就像一碗香喷喷的热米饭。今晚是大年夜，很多地方在下雪。不管你在哪里打拼，不管外面风雪有多大，相信此时此刻大家的心都在一件事情上面，那就是'回家了，团圆'。如果这时正吃着年夜饭，就是世界上最幸福的事情。家是每个人的避风港，不管外面风雪有多大，至少我们在家。祝大家新年幸福、平安快乐。谢谢大家。"

林老师：这个节目特别温暖，从一碗热米饭到围坐着的家人，让人的脑海里瞬间呈现出一个词——父慈子孝。这个节目有三个元素：第一个元素是吃饭，是健康之本；第二个元素是团圆，是立家之本；第三个元素是孝顺，是立生之本。

下面，我们进入今天的三生教育生活篇——孝敬父母，我懂得。

今天这节课的主题是"孝"。首先，大家来看一下课件，先从字面上认识"孝"。

同学们，你们说这个"孝"字的上半部分跟哪个字相似？

学生：很像"老"字的上半部分。

林老师：非常棒，谢谢你。它非常像"老"字的上半部分。那么，下面是什么字？

学生："子"字。

林老师：林老师总结一下，上面是一个老人的"老"，下面是一个孩子的"子"。

现在，让我们来认识一下篆体的"孝"字。这是秦始皇统一中国后，使用的字体。

（图片）

同学们，请你想象一下这个篆体的"孝"字最像什么？

学生：像一个老人。

林老师：咦？从哪里看得出来像老人？

学生：上面那一道弯，像老人的胡须。

学生：我觉得像老人弯曲的背。

林老师：是呀，爸爸妈妈已经老了，他们长胡须了，腰也弯了，所以呈现出这样一个弯腰驼背的情形。那么，下面这个"子"就有讲究了。大家看一下，这像什么？

学生：孩子。

林老师：这个像不像头，孩子的头？那下面这个像什么呢？

学生：手。

学生：拥抱。

林老师：太棒了，你们的想象力非常丰富。是呀，这个篆体的"孝"字下面的"子"字就像一个托起来的手。刚才有同学说像拥抱，很有道理。《说文解字》中关于"孝"的说法，就是"子承老也"，翻译成现代文就是孩子背着老人往前走。

我想提问一下，"教"字和"孝"字有什么相同和不同的地方？

学生："教"字里面有"孝"字，只不过加了一个偏旁。

林老师：真棒，你的观察力太好了。"教"字同样有一个"孝"字，不同的是"教"字有一个反文旁，就是用文字教育我们的孩子守孝。可是在古代，这个字是"攵"，念作"pū"。"攵"是什么呢？它其实是一种刑罚用具，类似家法。我们常常说"家法伺候"，就是教鞭类的刑具。

在黎巴嫩，有一位著名的教育家、哲学家、诗人，叫纪伯伦，他曾说："你们的孩子，其实不是你们的孩子，那是生命对于自身的渴望而诞生的孩子。他虽然出自于你们，但不是你们的，他虽然和你们生活在一起，却不属于你们。"也就是说，孩子是一个独立的个体。在古代，很多人都说"棍棒之下出孝子"，现在看来是不对的。

孩子在成长的道路上跌跌撞撞前行。请家长们一定要允许他们犯错，给他们成长的空间与时间，因为没有不会犯错的孩子，就连大人也有犯错的时候。孩子在成长道路上跌倒的时候，家长应该做什么？这时，你应该坐在他身边，用正确而适当的语言，用他们能接受并理解的语言，耐心地告诉他要学会生存，要享受生活，要知道生命的含义。如果你只是一味地打骂、责怪孩子，无疑是在他已经摔倒的时候再来一棍子，把他打趴在地上，这是雪上加霜。孩子在犯错的时候是茫然无措的，不知道如何是好，甚至不明白为什么会犯错。此时，他们需要一个人在身边进行指导，而这人一定是最能依靠、最能信任的，那就是父母。因此，当孩子犯错时，父母的及时指导尤为重要。

同学们，大家再反过来想想，无论爸爸妈妈用什么样的方式来教育你们，他们的心是好的，他们永远想把最好的给你们。在这个世界上，只有他们能够永远宽容地对待你。当你走得慢的时候，他们站在原地等你；当你无处可归的时候，他们永远是你的家。所以，你们要体谅父母的苦心，更要理解父母的苦心。那么，当你意识到自己的错误时，应该马上承认错误，向爸爸妈妈请教应该怎么做。这才是孝顺的孩子。

同学们可能说："老师，如果古代一定有这个'攵'字所代表的教鞭存在，是不是就表示古代的爸爸妈妈都很凶？"在儒家思想里有一句话叫"小杖则受，大杖则走"，意思就是父母打得轻就忍受着，打得重就逃跑。

春秋战国时期，有一个人叫曾子，是孔子的弟子。《孔子家语》中记载了这样一个故事。一次，曾子锄地的时候用力过猛，一下子把瓜苗的根锄断了。曾子的父亲大怒，拿起棍子一棍子打过去，当场就把曾子打昏在地上。过了好一阵子，曾子才苏醒过来。然而，当他晕眩过去后，却站起来对父亲说："父亲，刚才儿子做了错事，您老人家为教导我而用力打我，您没有受伤吧？"而后，为了不让父亲担心，他回到自己的房间里又是弹琴又是唱歌的，就想让父亲听到，以表示自己的身体早已恢复了健康。

你们猜孔子怎么说？他说，你有两个错误。一个错误是当父亲拿这么大的棍子打你的时候，你应该制止。为什么？因为一旦出人命，父亲就是杀人凶手。一个差点置父亲于杀人凶手陷境之人，他还是孝子吗？第二个错误是一旦你死了，谁伺候你的父亲？谁为他养老？所以，我认为你不是一个孝顺的人。曾子听后吓得冒冷汗，一直向老师请罪。

曾子是个大孝子，即便是被父亲打得很重，他对父母的那份孝心却丝毫没有改变。虽然他的做法不值得提倡，但这份孝心却难能可贵。

如果父母做了错事，子女依然毫无原则地顺从，可能会陷父母于不义，这是错误的，应该及时对父母进行规劝。当然，规劝的时机、方式、方法也非常重要。同学们，如果父母做错了，比如他们有时会随地丢垃圾，这个时候你们要怎么做？

学生：要告诉爸爸妈妈不要随地丢垃圾，再捡起来放在垃圾桶里。

林老师：对，记得跟爸爸妈妈一起成长，带着这种正能量，向着正确的方向成长。这就是孝顺的表现。

还有一个人，我一定要介绍给你们认识，因为他对中国历史影响很大，这个人叫舜。舜是什么人呢？中国古代有三位著名的帝王——尧、舜、禹。舜就是其中一位。

舜的母亲很早就死了。他的父亲又娶了一位新妻子，继母生了一个儿子叫象。因为他的父亲愚蠢，偏听偏信，而继母奸诈，同父异母的弟弟象则淫傲，他们总想把舜赶走，多次想方设法害死舜，使得舜三十岁之前受够了家庭的苦难。舜少年时动不动就挨打受饿，还未成年就被扫地出门，不得不到妫水边筑起草棚居住。然而，舜宅心仁厚，每当他遭到毒打或陷害时，竟然不仇恨、不暴戾，而是逆来顺受，依然孝顺父母、友爱兄弟如初。为了生计，他前往历山开荒，去雷泽捕鱼，到河滨制陶。到了三十岁时，他得到了尧的赏识。

同学们，我们来看一下舜是怎样一次次逃过父母的残害，却依然孝顺父母。下面，用视频去感悟孝道。

（播放关于舜的视频）

林老师：同学们，舜即使是在这样的情况下，依然孝顺父母、友悌弟弟，尽心尽力地伺候他的父母。就是因为他宽宏大量、孝顺父母、友爱弟兄，使得尧把王位传给了舜，还把两个女儿——娥皇和女英嫁给了他。

同学们，你们现在真是非常幸福。看，今天满堂坐着家长。我算了一下，今天在座的学生，几乎所有的爸爸妈妈都来参加我们这节课。他们放下了手中的工作，只为了与你们共同上一节有意义的亲子课，体验一下你们的学习生活，以便更好地了解你们。而他们，为了让你们有更好的生活，有可能要把他们的爸爸妈妈独自留在自己的家里。我想问在座的家长，你们在春节的时候有没有回去？

家长：有。

林老师：回婆家还是娘家？

家长：都回了。

林老师：那太棒了。请家长们再回想一下，如果在春节的时候没回去，爸爸是怎样的？我们来看一下这个视频，我们不在身边，爸爸有可能是这样的——

（视频）

喂，闺女啊，啊，你放心吧，吃饱了，睡得也香。你妈……也挺好的。没事，没事，没事儿，你放心吧，你好好工作吧，不要担心我们俩，你忙就挂了吧。

林老师：视频看完了，在座的很多家长都已经泪流满面。是啊，亲情永远是我们内心中最柔软的一根弦,只要轻轻一拨动,就会被叩响。

家长们,这就是我们的爸爸,年迈的他们已经青春不在了,可是他从不说自己的难处,从不表示自己的孤独,从不展示自己的脆弱。视频里的爸爸,没有说妈妈生病了,只说她很好,还希望孩子要好好工作。只要孩子过得好了,他们就开心。

那么,当我们不联系妈妈的时候,她又会怎么样?我们来看一段感人的视频。

(视频)

旁白:腊月二十六,北京火车站。一个八十岁的老母亲,没有人认识她。她一辈子没出过远门,第一次坐火车,经过29个小时的颠簸第一次来到北京。不为什么,她是癌症晚期,因为儿子没有时间回家过年,她只想陪儿子过最后一个春节。

林老师:这是一个极其感人的视频。现在,有些同学已经眼睛红红的,而我们的爸爸妈妈也已经是热泪盈眶。每当重温这个视频,我只有一个想法,就是一定要对我的爸爸妈妈更好一点,对我的公公婆婆更好一点。他们为我们付出了一切,现在已经不再年轻,没有任何力量了,他们年迈的身体需要我们照顾,靠我们在座的所有人给予关怀。

刚才,家长们体验了一次作为子女的感受,那么现在让我们站在孩子们的角度,感受一下一个没有爸爸妈妈的孩子,他的感受是怎样的?我现在放一段视频给大家看,视频里的小男孩叫乌达木。在一场达人秀节目当中,他唱了一首歌曲。他为什么唱这首歌曲呢?我们看一下。

(视频)

乌达木:我叫乌达木,来自内蒙古呼伦贝尔大草原。我的梦想是做一位画家。只要在地上一点,全世界就会变成绿草。评委:你会表演什么?乌达木:唱歌。评委:唱什么歌?乌达木:唱《梦中的额吉》。额吉就是妈妈的意思。评委:你为什么会选择这首歌?乌达木:我想妈妈就唱这首歌。评委:你妈妈在哪里?乌达木:妈妈在天堂。评委:爸爸呢?乌达木:爸爸出车祸也去世了。

林老师:同学们,我想问一下,你们看完这个视频后有什么样的感受?

学生：我感觉很难受。

林老师：为什么很难受？我看见你的眼睛里有泪水了，为什么呢？

学生：因为没有爸爸妈妈的孩子很可怜，所以我很难受。

林老师：孩子们都知道一旦没有爸爸妈妈会有多可怜。现在，我们进入下一个环节，来看一下爸爸妈妈和孩子们之间是否互相了解。

我们分三组测试：第一组的同学来回答爸爸妈妈最喜欢吃的水果是什么。第二组的同学回答爸爸妈妈的爱好是什么；第三组的同学回答爸爸妈妈的生日是什么时候。

（家长各自写下答案）

林老师：好，时间到。我们来看第一个问题：爸爸妈妈最喜欢的水果是什么？

同学：榴莲。

林老师：答对了。第二位同学，你的答案是什么？

学生：香蕉。

林老师：再给点掌声，太棒了。这位同学呢？

学生：苹果。

林老师：太好了。大家想一下，为什么爸爸妈妈都喜欢吃苹果？我估计因为苹果有营养，他们想让孩子们多吃些苹果，自己也会多吃苹果。于是，孩子就知道爸爸妈妈都喜欢吃苹果。谢谢第一组的同学们。

现在轮到第二组。问题是爸爸妈妈的爱好是什么？

学生：很爱阅读。

林老师：爸爸把牌举起来。对了，爸爸写着的就是看书。

学生：妈妈的爱好是做指甲。

林老师：爱美之心，人皆有之。妈妈举牌看一下。哦，妈妈写的是看书。我们的同学太可爱了。估计他看到了妈妈做过指甲，觉得特别好奇，便记住了。这个答案可以证明，孩子们会注意爸爸妈妈的言行举止。无论爸爸妈妈做了什么，孩子们都能看到。所以，爸爸妈妈要特别重视自己的一言一行。我们再来听一下另一位同学的答案。

学生：看书。

林老师：是吗？爸爸的牌子上写着的也是看书。

学生：玩。

林老师：哈哈，这是个特别有意思的爱好。一般来说，在家庭里，妈妈是孩子的第一任导师，而爸爸常常是孩子的玩伴。

学生：看电影。

学生：妈妈看书，爸爸看球赛。

林老师：从今天家长们举起的牌子来看，我发现你们都会以身作则为孩子营造一个书香氛围，这也是作为家长最重要的一个责任。

现在轮到第三组。问题是父母的生日是哪天？

（学生回答，父母举牌出示答案）

林老师：好了，这个环节到此结束。如果相互之间沟通了解得不深，家长今天晚上好好跟自己的孩子聊聊天，告诉他："我知道你喜欢什么，但是你知道爸爸妈妈喜欢什么吗？"在座的各位家长，今晚要做的一个重要任务就是"亲子沟通"。

各位家长，刚才我们尝试用很多的语言来说孝顺。现在，请你把所有身份都抛掉——不是家长，不是成人，只是父母的孩子，现在请拿出手机，和我们的孩子一起，现场给你们的爸爸妈妈打个电话。

大家可能忘记自己曾经也是个孩子，已经太久没做过孩子了，所有的心都在社会上、工作上、小家庭上，在我们的孩子身上。现在，你只是一个孩子，给爸爸妈妈打个电话聊聊天，再让孩子和他们说说话。

（家长、孩子打电话，播放歌曲《时间都去哪儿了》）

林老师：好了，非常感谢在座的家长和孩子们。我看到了家长们打电话的时候，脸上流露的是天底下最真挚的感情。那一刹那，我的心也是暖暖的。

今天这个活动就是要告诉家长一个重要的信息——以身作则是家庭教育最好的方法。想让孩子孝顺，首先要做到孝顺自己的父母。

下面这个是留给同学课后完成的实践作业。首先要关心长辈，了解他们的爱好、出生年月、生活和工作的情况。第二个是同学们回去要做一项力所能及的家务活，洗一次碗、做一顿饭、做一道菜。第三个是认真学习，孩子认真学习就是孝顺父母了。第四个是要了解父母为你取名字的含义。同学们，爸爸妈妈给我们取名字时都寄托着他们的期望。当我们了解之后，要向着这个目标努力。第五个是贴心的祝福。在节日里，给你们的爸爸妈妈写上一句祝福的话。春节的时候写了没？

学生：没有。

林老师：有的同学写了，老师表扬。没写的同学，接下来的节日要做到。

最后是亲情沟通。这个任务交给我们在座的家长。你们回去一定要跟孩子好好地聊天，了解他的思想动态、兴趣爱好、身边趣事，随时知道他的变化。

下面，林老师想给同学们讲一个小故事来结束今天这节课。这个故事的名字叫《苹果树的启发》。

从前有一棵大树，它喜欢上一个小男孩。男孩每天都会跑来，与它一起玩捉迷藏。玩累了，男孩就在树荫下睡觉。男孩喜欢这棵树，大树也很快乐。男孩渐渐长大了，不再跑来玩耍，大树感到好孤独。有一天，男孩来到树下。大树说："来啦，孩子，爬上我的树干，在我的树荫下玩耍，你会很快乐的。"男孩说："我不是小孩子了，我要买好玩的东西，我需要钱。你可以给我一些钱吗？""哦，真抱歉，"大树说，"我没有钱。孩子，拿我的苹果到城里去卖掉，你就会有钱，就会快乐了。"于是，男孩爬上大树，摘下树上的苹果，把它们拿走了。大树很快乐。

很久很久，男孩都没有再来……大树伤心了很久。后来有一天，男孩又来了。大树高兴地摇晃着肢体。它说："来呀，孩子，抓住我的树枝荡秋千，你会很快乐的。""我太忙了，没时间爬树。"男孩说，"我想要一间房子保暖，你能给我一间房子吗？""我没有房子，"大树说，"不过，你可以砍下我的树枝都去盖房子，你就会快乐了。"于是，男孩把树枝都砍下来带走了，盖了一间房子。大树依然很快乐。

男孩又有很长时间没有来看望大树了。当男孩终于再回来的时候，大树非常高兴，快乐得几乎说不出话来了。"来呀，孩子，"大树轻轻地说，"快来玩啊。""我好累，不开心，没心情，玩不动了。"男孩说，"我想要一条船，可以让我远离这里。你可以给我一条船吗？""把我的树干砍断，用它做船吧。"大树爽快地说，"这样你就会快乐了。"于是，男孩把树干砍断，做了一条船，坐船走了。大树很快乐，但心坎里却有些……

又过了很久，那男孩又回来了。"我很抱歉，孩子，"大树说，"我已经没有什么可以给你了，我没有苹果了。""我的牙齿咬不动苹果了。""我没有树枝没了，你不能在上面荡秋千了。""我太老了，也不能再荡秋千了。""我真希望我能给你什么，可是我什么也没有了，我现在只是一个老树墩。我很抱歉。""我现在要的也不多，"男孩说，"只要一个安静的，可以坐着休息的地方，我好累好累。""那好吧，"大树一边说，一边努力挺直着它的身子，"这个好啊，我这个老树墩最适合你坐下来休息。来呀孩子，坐下吧，坐下休息休息。"男孩坐下来，静静地思考着。此时，大树依旧像往常一样很快乐。

这棵为男孩奉献了一切的大树是谁呢？大家一起回答。

学生：爸爸妈妈。

林老师：现在，我有一个建议，请爸爸妈妈走出来，在座的所有同学，用你们最喜欢的方式来表达对爸爸妈妈的爱。你可以拥抱，可以有一个深深的、脆脆的、甜甜的吻，甚至可以抱着爸爸妈妈，大声地说："爸爸妈妈，我爱你。"

（家长和孩子一起互动，拥抱、亲吻、耳语）

林老师：2013年开学第一课到此就要结束了。现在，我想采访一位家长：对于孝道教育，你有什么感受？你会觉得对孩子的成长有什么好处？

家长：作为一名家长，我很荣幸能够现场参加这堂课。我内心特别感动，也特别温暖，因为这堂课讲得太好了。我真的很感谢咱们宝安区教育系统，能够在孩子开学的第一天安排一堂这么好的课。少年强则中国强，孩子是祖国的未来和希望，他们能不能身心健康地发展，牵动着我们每一位家长的心。我相信，通过这节课，孩子们一定能学会珍惜生命、热爱生活、懂得感恩，懂得以后如何孝敬父母。同时，对于我们家长来说，也是接受了一次很好的教育。我希望以后多开展这种教育活动，让家长和孩子们一起接受教育，共同成长，一起开创美好的明天。

林老师：谢谢您！希望孝道教育在同学们今后的成长中保驾护航，让你们内心是坚韧的、有力量的、温暖的。今天的课到此结束。谢谢大家！

中华"十德"国学课：智

■ 林 苈

林老师：前几天上课时，有一个一年级的孩子问我："老师，你是古代人吗？"我一听，乐了，问他："你觉得我是古代人吗？"他说："是啊，因为你总是讲古代的故事。"今天，我们一起穿越到古代，扮演一个古人，去了解中华民族的智慧，体验这节课的内容。

我们先从字面上来认识"智"字，然后做一个小游戏，最后认识一些古代有智慧的人。

第一环节

林老师：中华民族是一个优秀的民族，是一个有智慧的民族，是一个高尚的民族。谁知道中国古代的四大发明？

学生：造纸术、火药、指南针。

林老师：还有什么？

学生：印刷术。

林老师：下面，大家看一下这段视频上有哪些和四大发明有关的事物？

（视频：2008年北京奥运会开幕式片段）

学生：指南针。

学生：活字印刷术。

林老师：这段视频是2008年北京奥运会的开幕式。这场开幕式成了奥运会历史上的一座高山。现在所有的奥运会开幕式都盯着这座高山，但都达不到它的高度。为什么？因为中华民族五千年的智慧积累使这场开幕式更富底蕴。

首先，我们来认识一下这个字。大家读一下。

学生：智。

林老师：大家把手伸出来，写一下这个字。

学生：撇、横、横、撇、点、竖、横折、横、竖、横折、横、横。

林老师："智"，上面是"知"，下面是"日"。实际是告诉我们每天知道一点点。智慧是每个人的本性，智慧有多高，心就有多宽。正所谓，知之——

学生：知之为知之，不知为不知，是知也。

林老师：同学们，读错了一个字，读错了最后这个"知"字。这句话是的意思是知道就是知道，不知道就是不知道，这就是智慧。所以，最后一个"知"字，要念"智"，是智慧的意思。

那么"智"和"知"有什么关系？知求助于外，就是借助外力；智是求助于内，借助于己。人类正确处理事情的方式、方法，就是知识。智就是正确的运用知识，去解决问题。

有同学就说："老师，我们还是小学生，要做一个智慧的人，这太难了。"虽然你们现在还小，但是智慧也不是一蹴而就的，而是一点一滴地积累，每天不时地纳入，不断地巩固，不停地复习，方能积累知识。在日常生活当中，把这些知识运用到生活里，那就是智慧的人了。

下面，我们来沐浴在古人的智慧里，听几个故事，认识几位著名的古人，学习一下他们的处事方式，积累一点知识。

林老师要给大家讲的第一个故事是《少时了了，大未必佳》。这个故事出自《世说新语》。

在魏晋南北朝时，有一个大人物，名字叫李膺。当时，李膺负有盛名，担任司录校尉一职。到他家里去的人，不是亲朋好友，就是一些才智出众、名誉高尚之人。孔融十岁的时候，跟着父亲来到了洛阳。孔融的父亲想要拜会他，却不知道如何得见，觉得很是苦恼。这个时候，孔融说："父亲，我有办法。"孔父半信半疑："你确定有办法？"孔融说："您跟着我去就行了。"

孔父战战兢兢地跟在小孔融的后面。小孔融大摇大摆地走到了李膺的门前。只见孔融上去尊敬而大方地说："叔叔，您好，我是您家老爷的世交。请问我能进去吗？"因为古代上门拜访是有拜帖的，他把拜帖递过去。门房一看，姓孔，但究竟是不是世交他不敢说，可是又不敢不拿给李膺。为什么？万一是世交怎么办呢？于是，他赶紧把这个拜帖拿去给李膺。李膺拿着这个拜帖看了一会说："嗯？我家哪有孔姓的世交？究竟谁这么大胆说是我家的世交。"他就对门客们说："让我们看一下谁这么大胆，敢冒充是我家的世交。"

孔融便进去了。大家一看，原来一个小孩儿。李膺便说了："孩子，你是何方人士？与我家有什么样的渊源？"孔融尊敬地向李膺行礼，说："我是孔子的后代，您是老子的后代。当年孔子曾经问礼于老子，所以我和您就是世代通好。"同学们，老子是当时图书馆的馆长，孔子曾经向老子请教过关于礼法的事情。老子姓李，名耳。而李膺也姓李。人们常说同姓之人，八百年前是一家。老子和李膺是不是一家人难说，但是孔融却说他们两个是一家。

孔融的智慧就在于此了：魏晋南北朝之时，一个人的家世如何，在当时的社会地位中占有重要的因素。比如，谢姓和王姓，都是百年世家，深受世人尊敬。所以，孔融说李膺是老子的后代，无形中把李膺的地位提高了。李膺非常高兴，一下子便接受了孔融父子。

李膺的门客里有一个叫陈韪的，后来才赶到。当他听说了孔融的事情时，心里特别不服气。他走到孔融面前，上上下下打量了一番后说："少时了了，大未必佳。"了了是什么意思？了了是伶俐的意思，意思是说你小时候伶俐，长大了就变笨了。年仅十岁的孔融非常聪明，回答道："想君少时，必当了了。"意思是你说小时候聪明，长大了以后是笨蛋，那你小时候肯定是聪明的。

同学们，你们认为年仅十岁的孔融是怎么能够做到机智地与大人周旋的呢？

学生：因为他刻苦学习。

学生：因为他在学习的时候，能够把知识记在心里。比如，他知道老子姓李，和李膺一样，他也知道那时家世的重要性。

学生：他能够积累知识。

学生：孔融是孔子的后代，因此他很珍惜这份荣誉。

林老师：这位同学看问题的角度非常特别。我也赞同他的看法。我想，孔融能够如此机智地处理事情，有赖于他珍惜自己的学习环境。那么，同学们觉得你们现在的学习环境与孔融相比，是好还是不够好？

学生：我们现在环境比孔融好多了。我家里有很多书，爸爸还专门为我准备了一间书房。他说这间书房以后就是我的了。

林老师：我太羡慕你了。同学们，在我们的邻国日本，书房可不是给孩子的——那是父亲的专属地。每天，父亲出门工作，母亲留在家里，孩子去学校学习。当夜幕降临，每个家庭成员回到家时，他们的位置是这样的：妈妈一定在厨房做晚饭，忙碌的身影折射出温暖的光芒；父亲一定在书房里看书，那是一个神奇的地方，一旦走进去，将会发现世界的奇妙；而孩子却只能在客厅里写作业。当看到父亲在书房里面全神贯注地看书时，他们写完作业后也手捧书籍，积累课外知识。

学生：如果孩子像父亲一样养成读书的习惯，就能够像孔融那样，比他父亲还要厉害了。

林老师：多棒的学生呀，能够举一反三。孔融能够利用子之矛攻子之盾，正是因为他饱读诗书，而且并没有局限于书本，能够巧妙地利用知识来处理日常生活所发生的事件，使得整个局面扭转过来。在这之前，他肯定是努力学习的，把一点一滴的知识积累起来，才能机智地处理难题。所以说，只有积累知识，才能智慧地处理问题。请同学们共同读一遍。

学生：只有积累知识，才能智慧地处理问题。

第二环节

林老师：同学们，作为一名小学二年级的学生，还无法像孔融一般智慧，所以我们要先积累知识。现在，大家思考并讨论，应该怎样积累知识呢？

（小组讨论）

学生：上课认真听讲。

学生：积极举手回答问题。

学生：按时完成作业。

林老师：完成作业以后呢？

学生：看书。

林老师：我们要热爱阅读，但是阅读完了以后还要做什么？

学生：还要能够灵活运用书本里的知识。

林老师：这位同学真是学以致用。每个人在学校里面学到知识后，一定要学会运用知识来正确处理事情。现在进入第二个环节——知识大抢答。全班分成蓝组和红组，我们来玩第一个游戏——"学以致用一二三"。每一组有五道题，时间到后，要把正确的答案说出来。

（出示题目）

"学以致用一二三"题目：

1. 《三字经》里"昔孟母，择邻处"是什么故事？
2. 《三字经》里"融四岁，能让梨"是什么故事？
3. "白日不到处"后面三句是什么？
4. "一去二三里"的作者是谁？
5. "春风送暖入屠苏"的"屠苏"是什么？
6. "飞入菜花无处寻"是谁写的？

（学生作答）

林老师：同学们都太棒了。其实，老师只是用了最简单的题目让同学们重温了一遍语文知识而已。下面，我们进入到第二个游戏——"古代诗词知多少"。请两组各派出一名同学，把古诗的前后句用线连起来。

（出示题目）

"古代诗词知多少"题目：

东边日出西边雨	要留清白在人间
粉身碎骨浑不怕	天下谁人不识君
竹外桃花三两枝	春江水暖鸭先知
两个黄鹂鸣翠柳	道是无情却有情
莫愁前路无知己	一行白鹭上青天

林老师：歇后语也是传统文化之一。我想看一下，同学们课外知识积累得

如何。现在，进入到最后一个游戏——"我们来填歇后语"。每组派出五位同学，每位同学手上会有一道歇后语，要求在30秒内完成。哪组最快并且正确完成，哪组算赢。

（出示题目）

"我们来填歇后语"题目：

1. 哑巴吃黄连——（　　　　　　　）

2. 小葱拌豆腐——（　　　　　　　）

3. 黄鼠狼给鸡拜年——（　　　　　　　）

4. 大姑娘上轿——（　　　　　　　）

5. 外甥打灯笼——（　　　　　　　）

林老师：同学们，今天的游戏结束了。但是我想问一下同学们，为什么林老师要在一节国学课里面玩这样的游戏？

学生：老师在帮我们整理知识。

学生：我们在游戏里面复习了知识。

学生：我认为老师在告诉我们，知识不只是在课本里，还藏在课外书里。

林老师：我太喜欢我们班的同学了。你们非常聪明，能够在每一环节当中领悟到老师的意图。

没错，教科书仅仅是教给同学们如何掌握知识，更多的知识在课外书里。我们在课堂上了解到如何掌握知识后，就应该把这种学习方法运用到课外，再把从课外学习到的知识运用在课堂上。如此循环后，同学们的知识量扩大了、视野拓宽了、知识架构丰富了。不久之后，你们将会爱上学习，一定能成为一个有智慧的、能够从容面对难题的优秀人才。

第三环节

林老师：现在，林老师给你们讲一位聪明孩子的故事。他叫王戎，生活在魏晋南北朝时期，从小就很聪明。在他七岁那年，有一次和小伙伴们在野外玩捉迷藏的游戏，玩得大汗淋漓，小伙伴们口渴了，于是到处找能解渴的东西。此时，他们正站在一棵李子树下。树上的李子硕大无比，在阳光和绿叶的映衬下显得十分诱人。小伙伴们欣喜若狂，争相跑去攀爬要摘李子。在这些人当中，唯独不见王戎。

原来，在大家纷纷跑走时，王戎却静静地抬头看着满树的李子，若有所思。旁人看了觉得奇怪："你难道不想吃李子吗？怎么不去摘？晚点可就没有了。"

只见，王戎笑着摇摇头，说："这李子不能摘。"

旁人问为何。

王戎再次笑道："这李子树长在路边，硕果累累却没有路人采摘，是不正常的。因为无主的果树总会贡献给路过的人，以便路人果腹解渴。然而，这棵李子明显没人采摘，说明结出来的李子是苦的，所以才能长得这么好。"

众人不信。他们把手中的李子拿出来，一口咬下去，却又纷纷吐了出来："这李子果然是苦的！"

同学们，这个故事说明了王戎是个怎样的孩子？

学生：聪明。

学生：机智。

学生：善于观察。

林老师：同学们都非常善于思考。没错，这个充满了哲理性的小故事记载在《世说新语》里。听完这个故事，我们会毫不犹豫地把王戎划到神童的圈子里了。大家还都知道一个名叫曹冲的神童。谁能把《曹冲称象》的故事复述一遍？

（学生讲述《曹冲称象》的故事）

林老师：太棒了。这位同学口齿清晰，思路敏捷，很好地把故事讲了出来。这是一个优点。大家一定要多练习回答问题，这样才能进一步锻炼表达能力。

曹冲天生聪明，能够机智地解决问题。然而，王戎的智慧却是后天锻炼出来的，因为他善于观察。别人一窝蜂地去做一件不确定的事情时，他却按兵不动，待仔细观察后才做出决定。所以说，一个有智慧的人一定是善于观察、勤于思考的人。

中国历史上有很多神童，方仲永也是一位，然而他却是一个非常好的反面教材。

（出示课件）

《伤仲永》
北宋 王安石

金溪民方仲永，世隶耕。仲永生五年，未尝识书具，忽啼求之。父异焉，借旁近与之，即书诗四句，并自为其名。其诗以养父母、收族为意，传一乡秀才观之。自是指物作诗立就，其文理皆有可观者。邑人奇之，稍稍宾客其父，或以钱币乞之。父利其然也，日扳仲永环谒于邑人，不使学。

余闻之也久。明道中，从先人还家，于舅家见之，十二三矣。令作诗，不能称前时之闻。又七年，还自扬州，复到舅家问焉，曰"泯然众人矣。"

林老师：同学们，这是一篇初中课文，对于你们来说太难了，所以今天林老师翻译给你们听。同学们以后要学会自己翻译文言文，因为这是中华优秀传统文化的财富，我们不能丢。

这个故事是说，在金溪这个地方，有一个平民叫方仲永，他家世代都以耕田为业。由于贫穷，仲永一直长到五岁都不曾认识书写工具。然而，有一天，仲永却忽然哭着要这些东西。他的父亲对此感到非常诧异，便借来邻居的书写工具给他。仲永立刻写了四句诗，并且题上自己的名字。这首诗以赡养父母、友悌宗族为内容，一下子把他的父亲惊呆了，急忙把这首诗传送给全乡的秀才观赏。从此，只要人们给仲永指定物品让其写诗，他都能立刻完成，而且诗的文采和道理都有值得观赏的地方。同县的人们大感惊奇，渐渐地都以宾客之礼对待他父亲，还有的人用钱求仲永题诗。贫穷的父亲贪图利益，于是每天带着仲永四处拜访同县的人，不让他学习。

作者王安石听说这件事已经很久了。明道年间，王安石跟从长辈回到家乡，在舅舅家里见到方仲永，那时的他已经十二三岁了。王安石对他非常感兴趣，便让他当场作诗。然而，当仲永写完后，王安石大失所望，因为他发现仲永写出来的诗很一般，不能与从前的名声相称了。又过了七年，王安石从扬州回乡再次到舅舅家时，问起仲永的情况，舅舅回答说："仲永的才能已经消失，完全如同常人了。"

同学们，这个神童消失的故事给你们什么样的启发？照理来说，一个聪明的人收获成功的速度，会比一般人更快。谁能告诉我，方仲永为什么会这样？下面，大家进行小组讨论，讨论完告诉我答案。

（分小组讨论）

林老师：时间到。我想提醒一下同学们，每当你要回答问题或者表达意愿的时候，一定要回答完整。比如："我代表的是××组，我们组经过讨论后，认为……"

学生：我代表的是红1组，我们组经过讨论后，认为方仲永虽然非常聪明，最后却成为一个平凡人，是因为他不学习。我们的结论是即使一个人很聪明，也不能不学习。

学生：我代表的是红2组，我们组经过讨论后，认为方仲永不应该跟着父亲到处写诗，应该坚持学习。

学生：我代表的是蓝1组，我们组经过讨论后，认为一个人如果很聪明，他更应该努力学习。

学生：我代表的是蓝2组，我们组经过讨论后，认为方仲永的父亲不是一个好父亲，他应该让方仲永在家里好好读书，拥有更多的才华。

学生：不对！就算是仲永学习很棒，也不应该到处炫耀，因为他会骄傲。

学生：我赞同，就是因为他骄傲了，所以他才不学习。

林老师：咱们班的同学都有成为一个智慧的人的潜质，因为你们深知学习的重要性，了解学习的过程是艰辛的，知道虚心学习的必要性。你们的理解和作者王安石有异曲同工之妙。让我们来看看王安石是怎么说的。

（出示课件）

王子曰：仲永之通悟，受之天也。其受之天也，贤于材人远矣。卒之为众人，则其受于人者不至也。彼其受之天也，如此其贤也，不受之人，且为众人；今夫不受之天，固众人，又不受之人，得为众人而已耶？

林老师：王安石说，仲永的通晓知识和领悟能力都是天赋。因此，他的才华应该远远地超过其他有才能的人。然而，他最终却成为一个平凡的人，是因为他没有受到后天的教育。像他那样天生聪明、有才智的人，都因为没有受到后天的教育而成了平凡的人；现在那些没有天赋，本来就平凡的人，如果不接受后天的教育，将成为比普通人还要普通的人了。

同学们，我们如今生活在盛世之中，无须担心不能上学的事情，更应该珍惜当下，认真听课不走神，主动学习不骄傲。成绩好的同学，也不应该像方仲永那般骄傲，而其他同学就更应该以方仲永为戒。聪明的人不学习还会退步，更何况我们这些一般人呢？

今天的课上到这里了，同学们再见。

做个受欢迎的人

■ 林 苒

第一环节

林老师：在正式上课之前，我先背两首古诗，相信你们都会背，希望大家跟我一起背。

第一首是，李白乘舟——

学生：将欲行，忽闻岸上踏歌声。桃花潭水深千尺，不及汪伦送我情。

林老师：第二首是，故人西辞——

学生：黄鹤楼，烟花三月下扬州。孤帆远影碧空尽，惟见长江天际流。

林老师：请问老师今天想说谁呀？

学生：李白。

林老师：没错！中国源远流长的五千年历史文化当中，林老师最喜欢的人就是李白。李白一生写了无数首诗，流传下来九百多首，在这九百多首诗里写了四百多个人。刚才第一首诗的题目是什么？

学生：《赠汪伦》。

林老师：是的，这首诗是写给汪伦的。第二首诗的题目是什么？

学生：《黄鹤楼送孟浩然之广陵》。

林老师：没错。这首诗是写给孟浩然的。还有"岑夫子，丹丘生，将进酒，杯莫停"，这里的"丹丘生"即元丹丘。这些说明什么呢？说明李白一生结交了很多好朋友。李白这一辈子没有做过什么大官，但是他从来没有为吃、喝、穿、住苦恼。为什么呀？因为有很多朋友资助他。然而，他为什么能朋友遍天下呢？因为他很受——

学生：欢迎。

林老师：今天，我们就从李白身上去追寻他受欢迎的因素，再类比我们自身，反思如何做才能讨人喜欢。最后，老师希望同学们通过今天这节课的学习，在外出旅行的时候能够受人尊重。

老师提个问题，你们喜欢林老师吗？

学生：喜欢。

林老师：你们觉得林老师受欢迎吗？

学生：受欢迎。

林老师：如果林老师长得很丑呢？

学生：也受欢迎。

林老师：也受欢迎？如果林老师穿得邋邋遢遢的——一个袖子挽起来，一个袖子放下来，裤腿一个上一个下，头发乱糟糟，你们还喜欢我吗？

学生：喜欢。

林老师：哎哟，我都这样了你们还喜欢。这能不能说明，林老师真的很受你们的欢迎呢？这让我感到非常荣幸。但是，如果当我们第一次接触一个人，发现这个人穿着很邋遢，一点也不注意形象，那你们还喜欢他吗？

学生：不喜欢。

林老师：我在查资料的时候，发现李白有一个称号，叫作"谪仙人"，而且这个称号让他引以为傲，并伴随了他一辈子。大家可以想象一下，一个如在凡间的神仙，是何等飘飘然的感觉。一个如仙人一般的人物，给人第一印象一定是极受欢迎的。这个称号是如何得来的呢？有一天，有个人写了一首诗，叫作"少小离家——

学生：老大回，乡音无改鬓毛衰。儿童相见不相识，笑问客从何处来。

老师：这首诗是著名诗人贺知章写的。李白刚到长安的时候，贺知章是太子宾客，非常仰慕李白。当他见到李白时就惊叹不已：他觉得李白神态飘逸，好比仙人一般。而后，李白递上了一首诗："蜀道难，难于上青天……"贺知章看后，赞叹不已："你真是谪仙呐！"什么叫谪仙？谪仙就是被贬入人间的神仙。原来李白"谪仙"的称号是贺知章起的。贺知章比李白大了十几岁，但是他们俩还是很要好，为什么？因为李白的形象吸引了他。后来，八十多岁的贺知章辞官回家了。李白很伤心，写了一首诗，说："四明有狂客，风流贺季真。长安一相见，呼我谪仙人。"

同学们，故事讲完了，问题要出来了。请问，作为一位受欢迎的人，李白首先是什么受欢迎？

学生：他所写的诗。

林老师：当然。他是一个很有才华的人，除了他的诗以外，还有什么？

学生：着装，他的着装很整齐。

学生：他的品德很好。

林老师：你是一位感觉敏锐的同学。今天，我们要一起研究他的外形着装，还有他美好的品德。下面，我们先研究一下他的形象。我们发现一个受欢迎的人会注重自己的形象。

同学们，如果你们想做一个受欢迎的人，首先要有一个什么样的形象？或者说，你们应该用什么样的形象来面对老师？

学生：着装整齐。

林老师：嗯。来，我们来看一下同学们的着装整不整齐。

（邀请四位着装整齐的同学，让大家评论一下他们是如何做到着装整齐的）

林老师：现在，林老师要来说一下自己的亲身经历。老师今天穿的好看吗？

学生：好看。

林老师：给我点掌声。

（鼓掌）

林老师：谢谢。但是，林老师在外出旅行的时候，经常能看到不注重自己形象的同胞们。

（显示屏幕）

林老师：这是法国的卢浮宫。几年前，林老师带着女儿一起去过。这个地方收藏着一幅世界名画——《蒙娜丽莎的微笑》。那天，我们一群人跟着导游到达藏馆。藏馆很小，游客很多。于是，我们在外大厅里听导游讲解这幅名画。大厅的地板光可鉴人，给人有一种舒适感。导游讲解得正兴奋的时候，突然停住了。我们很讶异：她为什么停了呀？原来，一对中国夫妇带着一个孩子，而这个孩子正趴在地上打滚。爸爸妈妈在旁边笑嘻嘻地看，恨不能告诉全世界："快来看，我儿子多可爱呀。"所以，导游停止了讲解。同学们，你们知道为什么吗？

学生：他们不懂得礼仪。

学生：满地打滚是很没有形象的。

学生：他们身处国外，如果有不礼貌的行为，外国人会以为我们所有中国人都没有礼貌。

林老师：来，给他掌声。他能非常清晰地表达自己思维，太棒了。没错，这个孩子不仅没有礼貌，更不注重形象。那你觉得他的这种行为，还会受欢迎吗？

学生：……（摇头）

林老师：是的，如此行为怎么能受欢迎呢？不被人当众批评就已经很不错了。同学们，我们的国家如此强盛，我们去到哪个地方都应该会受欢迎的。但是，外出旅行的人往往不受欢迎。你们觉得图片里面的孩子为什么会有这样的行为？

如果你看到这种情形，该怎么办？

学生：上前制止他。

林老师：怎么制止呢？

学生：跟小朋友说：你这样做是不礼貌的，而且这是在国外，请你不要丢中国人的脸。

林老师：如果这个孩子不听你的话怎么办呢？

学生：我也不理他。

林老师：你的意思是说，这样的人不受欢迎，所以你不喜欢他，也会远离他，对吗？其他同学那还有没有更好的办法？

学生：叫他爸爸妈妈不要再笑了，管管他。

林老师：可是孩子的爸爸妈妈肯定不理你，还会觉得你多管闲事的。

同学：那就买糖给他吃。

林老师：好主意！你先把糖给小朋友，然后跟他说："小弟弟，起来跟姐姐一起玩吧。咱们去看画。"是不是这样？这个主意特别好。给她掌声！这是一位非常聪明的同学。

学生：如果他爸妈安全意识很强，以为给他糖的是坏人，怎么办呢？

林老师：嗯。我要表扬这位同学，他的自我保护意识很强。给他掌声！

（掌声）

林老师：我觉得你把糖给小朋友时，可以先跟他的父母先打个招呼，说这颗糖是你最喜欢吃的，能不能和小朋友分享？经过他的父母同意再给他。

第二环节

林老师：现在，我们进入第二个环节——到诗里面感悟李白如何受人欢迎。李白诗里面有这么一句："礼以迁窆，式昭明情"。这里有一个故事，可以说明李白很重情义。

当年，李白和好友吴梓楠漫游吴楚之地。吴梓楠生病了，病得一发不可收拾，直到奄奄一息的境地。吴梓楠发现自己将不久于人世，便对李白嘱托道："我的身后事就交给你了。"吴梓楠是四川人，却在离家乡千里之外的洞庭湖边上去世了。正值炎炎夏日，李白抱着吴梓楠的尸首痛哭流涕。即便是猛虎前来，他都不肯撒手，生怕好友的尸首让老虎给吃掉。因为天气太炎热了，他只好把吴梓楠的尸首就地安葬在了湖边上。

几年过后，李白又回来了。他准备把吴梓楠的尸骨挖出来放到一个瓮里带回四川。但是不曾想，当他挖开坟墓的时候，发现吴梓楠的尸首只腐烂了一半，还有一些筋血肉连在骨头里。如果是我，会觉得这太可怕了，还是过几年再来吧。然而，李白却直接跳进坟墓，做了一件让人非常吃惊的事情：他拿起随身携带的一把匕首，一点一点地把筋血肉刮掉，再把骨头都包着放在瓮里，随身带回家乡安葬。因为，他要信守承诺，完成好友交代给他的事情。

他把瓮带在身边，吃饭的时候拿着，睡觉的时候也拿着。到了吴梓楠家乡以后，他已经没钱了，就借钱把好友给安葬了。他认为："我一定要用最好的方式来安葬我的好朋友，因为这是我对他的承诺。"

从这个故事我们可以看出李白有什么样的优点？

学生：他有一个感情很深的朋友。

学生：他有情义。

学生：他很有诚信。

学生：他对朋友讲诚信，只要答应了的事情，就会做到，无论对谁。

林老师：很好。我现在想让同学们用一个成语来形容一下他的这种行为。

学生：重情重义。

学生：一言九鼎。

学生：重于泰山。

林老师：李白身上的美好品质就是言行一致。答应了别人的事情一定要做到，就是言行一致。那么，我们来类比和反思一下我们自己。

刚才，我们还有一个问题没有解决：孩子不听劝告怎么去解决？我们外出旅行，言行一致就是答应了导游的事情要做到。林老师曾经碰到这么一个人，就是言行不一致的人。

那年，我和女儿去日本的富士山游玩。山脚下有个雪糕屋，老师最喜欢吃里面的雪糕。在下车之前，导游就语重心长地说："各位同胞们，我们都是中国人，但是我们中国人的形象在外国却不是很好。今天，我想提醒一下各位：我们到了日本要学会垃圾分类，这是垃圾分类非常精细的国家。我们要'入国问禁'。如果大家不会垃圾分类，可以把垃圾随身拿到车上，放在垃圾桶里。我们的司机每天下班都会来帮我们把垃圾分好类再扔掉。"讲完了，他就问，"你们能做到吗？"我们都纷纷点头："能做到！能做到！"结果，一个妈妈带着女儿站在一个花盆前面吃雪糕。吃完后，她们把垃圾直接扔到了花盆里。这时候，你该怎么办？

学生：把垃圾捡起来，带给司机。

学生：捡起来，把垃圾带到垃圾桶里扔掉。

林老师：我们来演一下，我就是那位妈妈，找一位同学来演女儿，再找一位同学演制止者。

（两名学生上台进行表演）

饰演妈妈的林老师：女儿，女儿，这是个花盆，这是雪糕，你拿着，我们吃完以后把垃圾扔这里就行。准备，丢垃圾。

（做动作，把垃圾丢进花盆）

饰演制止者的学生：阿姨，你这样做是不对的，应该把垃圾带给司机或者自己分类扔到垃圾桶。

饰演妈妈的林老师：关你什么事儿？

学生：……（哈哈笑）

饰演制止者的学生：如果这样做的话，别人会以为我们中国人没有礼貌。

饰演妈妈的林老师：关你什么事儿？

学生：……（哈哈笑）

饰演制止者的学生：因为你是中国人，我也是中国人。

饰演妈妈的林老师：你凭什么管我？你又不是我儿子。

（表演结束）

林老师：同学们，看来这种办法是不行的。我再找另外一位同学来表演，看看他有没有其他的办法。

（找另外一名学生表演）

饰演妈妈的林老师：女儿，我们来吃雪糕，好吃吗？吃完要丢垃圾。

（做动作，把垃圾丢进花盆）

饰演制止者的学生：阿姨，这样做是不对的。因为垃圾要分类，不然会污染环境的。

饰演妈妈的林老师：你是警察吗？

学生：……（哈哈笑）

饰演妈妈的林老师：你是我女儿吗？关你什么事？

（表演结束）

林老师：同学们，这个挺难的对不对？你这么小的身躯，怎么教育大人呢？咦？这位同学有办法。我们来看看他演得怎么样。我要吃第三根雪糕啦。

（请出下一名学生表演）

饰演妈妈的林老师：吃雪糕，掰开来，好吃吗？丢垃圾。

（做动作，把垃圾丢进花盆）

饰演制止者的学生：阿姨，你不能这样做。

饰演妈妈的林老师：为什么？

饰演制止者的学生：如果这样的话，我要告诉导游，让他批评你。

学生：……（哈哈笑）

饰演妈妈的林老师：你去告呗，赶紧去。

学生：……（哈哈笑）

（表演结束）

林老师：还是不行，怎么办呢？我们再找一位同学来想办法。我准备吃第四根雪糕了。

（再请一位同学表演）

饰演妈妈的林老师：女儿，吃雪糕，吃完我们再丢垃圾。

（做动作，把垃圾丢进花盆）

饰演制止者的学生：阿姨，我能不能跟您的女儿玩一下？

饰演妈妈的林老师：好！

饰演制止者的学生：姐姐，你好。你要跟你妈妈说这样乱丢垃圾会污染环境的。你跟你妈妈说了，她就不会这样做啦。

林老师：哇，给她掌声。她从孩子来着手，一一攻破。现在，我有一个想法，我来演制止者，找一位同学演妈妈，再找一位同学演女儿。

（两名学生上台表演）

饰演妈妈的学生：我们已经吃完了，扔垃圾。

饰演制止者的林老师："阿姨，你看，我这有个垃圾袋。我帮你把垃圾捡起来好吗？阿姨，我跟您说，我正在学习垃圾分类呢，让姐姐也和我一起去学习吧。看！我有垃圾袋。姐姐，以后你有垃圾就给我，好不好？

饰演妈妈的学生：好！

（表演结束）

林老师：谢谢你们。大家给他们热烈的掌声。同学们，这就是解决问题的方式。当我们遇到这种情况的时候，要制止那些不受欢迎的行为，我们要以身作则，一定能影响到别人，让他成为与你一样受欢迎的人。

我们来总结一下，受人欢迎的第二个品质就是——

学生：行为得当，让人信任。

林老师：对。就像刚才，林老师扮演的那位制止者，用的就是得当的行为，换取了对方的信任和尊重。

第三环节

林老师：现在，我们来进入第三环节——从李白的家教里面学习如何受人欢迎。刚才说的两件事情，都是每个人家教的表现。

同学们，李白一生有三个孩子：女儿叫平阳，长大出嫁后不久便去世了，大儿子叫伯禽，小儿子叫颇黎。有一位叫范传正的人，曾经给李白写过墓志铭。有一天，他在家整理诗集，发现他的父亲和李白竟然是故交，是通家之好。他还发现了父亲写给李白的诗歌。他欣喜若狂地想，我去找寻一下李白的后人吧。

于是，他来到当涂——李白去世的地方。然而，范传正找了好久，都找不到李白的后人。为什么呀？李白去世的时候，只有他的儿子伯禽陪在他身边。伯禽留下一个儿子和两个女儿，也已经去世了。伯禽一生没有出仕，也没有自己的私产。伯禽的大儿子，即李白的孙子，年轻时出游不知所踪。伯禽的两个女儿，即李白的两个孙女，已经嫁给当地的农民，生活非常落魄。范传正总想为心中的偶像做点事情，于是请来了李白的两位孙女。他发现，她们已经是农妇的模样了。虽是如此，她们儒风尚在，进退应对得当，颇有乃祖之风。这说明她们家教是非常严明的。

范传正心里感慨万分，虽然非常怜悯，却极其敬佩她们。范传正便问她们最大的心愿是什么。如果是一般人，肯定要解决眼下生活贫困的问题。但是她们并非如此。她们说，祖父最大的心愿是把坟迁到青山去，青山是他生前非常喜欢的地方。因为魏晋南北朝的谢朓是李白最崇拜的一个人，谢朓曾经在那里隐居过。范传正便调配人力物力把李白的墓迁到青山，并为李白写下了墓志铭。

范传正太同情两人了，想继续为她们做点什么。他心里感慨着：怎么穷成这样？她们都没能力完成祖父的遗愿。这还是闻名天下的大诗人李白的后代吗？于是，他想用自己的力量帮她们改嫁到有钱人家。但是，她们两个却说："即便现在我们趁着祖父的余威改嫁，但是百年以后还有什么脸面去地下见我的祖父啊？"同学们，即便是生活穷困潦倒，她们依然按照祖父生前教育的标准坚守着一个人最重要的信义、情义。这就是她们的家教。

故事讲完了，我们来讨论一下该怎样学习李白的家教？

（学生讨论并回答）

林老师：有一次，林老师和女儿一起去马尔代夫游玩。我们很有礼貌，只要遇见人就跟他们问好。后来，岛里的人都非常热情地跟我们打招呼。有一天，有人用英语问我们："你是日本人吗？"我心里奇怪，但依然很自豪地告诉他我是中国人。后来，又有人问我是不是日本人。为什么会有这样的情况出现呢？当我们到达他们的首都马累后，我就问导游难道我不像中国人？导游说，在马尔代夫，一开始来的最多的是日本人，他们都很有礼貌。然而，中国人来了以后，并不都很礼貌，所以大家都以为你是日本人。

当时，我心里面就不服气了。在马累这个地方，中国人是很受欢迎的。我坐在那里，当地人都友好地看着我。他们甚至在学汉语。我们的导游也在学汉语。那天，他指着路边一位姑娘说："那就是我的汉语老师。"我一看是中国姑娘，特别自豪。可是，为什么还有这样的情况出现呢？我在网上查了一下，发现了一段视频。

（视频）

林老师：这是日本的街道。这位日本小学生要过马路。行驶至路口的汽车发现他的时候，全停了下来，等这位小学生安全地走过人行横道。同学们，这位小学生要过马路时，做了一个动作，当他在走过马路以后，又做了这个动作。这是一个什么样的动作？

学生：他对开车的人，鞠了个躬，说了一声"谢谢"。

林老师：是的。从这段视频中，大家能看出我们和他们的差距。但是，日本人比我们厉害吗？当然不是，我们是礼仪之邦，却把很多宝贵的文明礼仪弄丢了。今天，老师和同学们一起，把礼仪捡起来。

我们进入下一个环节，讨论一下，良好的素质应该如何体现。

（出示屏幕）

林老师：在餐厅里用餐时，我们该如何做？乘公交车时，我们该如何做？在酒店住宿时，我们该如何做？在景区玩耍时，我们该如何做？

学生：在餐厅里用餐时，不打闹，要礼貌。

学生：乘公共汽车时，安静地坐着就好，不要在车里乱跑，好好坐在自己的位置上。因为如果你乱跑的话，可能会碰到别人。

学生：乘公共汽车时，不要喧哗。

林老师：我们总是说，不要大声说话，为什么呢？

学生：因为会影响到别人。

林老师：在小空间里，包括坐电梯的时候，我们不能大声说话。

学生：在酒店住宿时，离宿时要把东西收拾好。

学生：在景区玩耍时，不能乱丢垃圾。

学生：不要随地吐痰。

学生：不要追逐打闹。

林老师：一旦追逐打闹就会——

学生：撞到别人。

林老师：甚至自己也会——

学生：受伤。

学生：在景区玩耍时，不要乱涂乱画，这是公共地方。

学生：在酒店住宿时，不能破坏公共器材。

林老师：其实，我们讨论了这么久，就是为了告诉大家要怎样旅行？

学生：文明旅行。

林老师：外出旅行要受人欢迎，就一定要——

学生：有礼貌。

林老师：受人欢迎，首先要做到的是注重——

学生：形象。

林老师：第二个是言行——

学生：一致。

学生：第三个是良好修养。

林老师：我们来总结一下，外出旅行的时候，我们要做到——

学生：着装整齐。

学生：言行一致。

林老师：总的就是——

学生：注重形象，才能让人喜欢；行为适当，才能受人尊重；良好修养，才能受人欢迎。

林老师：好，今天我们学习了如何做一个受人欢迎的人，而且懂得了外出旅行怎么做才能受人欢迎。我相信，只要每个人都能做到这些，未来的中国一定是最强大的国家。好，今天的课就上到这里。同学们，下课！

学生：起立！谢谢老师。

下 篇
歌咏：春雨润几家

《承家风、扬家训》

■ 田 薇

一、激趣导入——认识"家"

(课件展示象形字"家")

田老师:同学们,请猜猜这是什么字?

学生:家。

田老师:对,家!《说文解字》中说:"家,居也。"上面的宝盖头代表着房屋,下面是象形字"豕",也就是房子下面有一头猪。同学们,看到这个字,你们都想到了什么?

学生:我想到了家里有爸爸妈妈、爷爷奶奶。

学生:我想到了家里有好吃的。

学生:只要不开心,我就想回家。

田老师:听了你们的发言,田老师感受到了一个字——爱。是的,家是微笑的,也是彩色的;家是归宿,也是港湾。今天,就让我们围绕这个充满爱意、充满回忆、充满故事的"家"来聊聊吧!大家一起读一读今天的课题——

学生:《承家风、扬家训》。

二、故事阁——承家风

田老师:同学们,看着这个题目,你们有什么疑问吗?

学生：我不明白什么叫家风。

学生：我想了解什么叫家训。

田老师：是啊？什么是家风？为什么要有家训呢？孔子曾说，疑是思之始、学之端。下面，同学们随着田老师一起去访名人家风吧！

（播放视频）

田老师：同学们，这是2013年央视春晚的一段视频。相信很多人和我一样印象深刻，不仅是华丽的舞台、绚丽的舞美，更被视频中传递出的那种不屈的男儿气深深感动。我们也来感受一下，一起读——

（出示课件）

学生：故今日之责任，不在他人，而全在我少年。少年智则国智，少年富则国富；少年强则国强，少年独立则国独立；少年自由则国自由，少年进步则国进步；少年胜于欧洲则国胜于欧洲，少年雄于地球，则国雄于地球。

田老师：同学们，你们知道这段话是谁说的吗？

学生：不知道。

田老师：这段话出自中国近代启蒙思想家、教育家、一代国学大师梁启超的《少年中国说》。梁启超一生著作宏富，流芳百世，影响深远。作为一名父亲，他教育子女爱国成材的故事更是一段佳话。梁启超一生育有9个子女。他们有诗词研究专家、社会活动学家、图书馆学家、经济学专家，还有抗战英雄。长子梁思成是中国著名的建筑学家和建筑教育家，次子梁思永是中国著名的考古学家。1948年，二人同时当选中国科学院院士。五子梁思礼是火箭系统控制专家，1993年也当选为中国科学院院士。这就是著名的"一门三院士，九子皆才俊"的佳话，在中国是极为罕见的。对于梁家子女来说，父亲的"遗传和教训"乃是他们最宝贵的财富。梁启超的长女梁思顺回忆说，父亲常常给她写信。谁来读读？

学生："你们须知你爹爹是最富于感情的人，对于你们的爱情，十二分热烈。"

田老师：谁再来试试？

学生："只要在自己责任内，尽自己力量去做，便是第一等人物。"

田老师：人要成其事必须担其责。一个不懂得承担责任的人，即便做成大事，也会很快失败。在治学方面，梁启超勉励子女的一句话更是让儿女们记忆深刻，全班读——

学生："莫问收获，但问耕耘。"

田老师：我们做事，不能只想着回报、酬劳，而是要努力把事情做好，耕耘好自己的一片天地。同学们，听了这个故事，你们有什么感想吗？你觉得梁启超是位怎样的父亲？

学生：梁启超很爱自己的孩子。

学生：梁启超一家都很了不起。

田老师：是啊！梁启超不仅关心儿女们的学习、工作和生活，更关注他们的品行、为人。正是这样一位慈祥、仁爱、拥有博大胸襟的父亲，造就了梁家民主、平等、好学的家风，也正是这样的好家风成就了了不起的家教传奇。同学们，我们的父母何尝不是这样教育我们的呢？那看似简单的一句句对话、一句句爱的叮咛，包含了多少做人的道理。这样的道理一代代往下传承，就形成了我们的家训、家风。所谓家风就是——

学生：一个家庭的风气，也叫门风。

田老师：良好的家风就是一种无言的教育、无字的典籍、无声的力量，正如《颜氏家训》中的这句话，大家读——

学生：与善人居，如入芝兰之室，久而自芳也；与恶人居，如入鲍鱼之肆，久而自臭也。

田老师：意思是说与好人在一起，就像是走入了放有芝兰的屋子，时间一久，自己也会带有香气；与坏人在一起，就像走入了卖鲍鱼的市场，时间一久，自己也会带上臭味。说到这儿，有两位客人等不住了，他们也有话想对你们说。

三、回音壁——扬家训

（情景剧表演《朱子家训》）

田老师：谢谢两位客人。同学们，你们知道情景剧中的这位父亲是谁吗？

学生们：不知道。

田老师：他是著名理学家、教育家朱柏庐。他编写了一本《朱柏庐治家格言》，又被称为《治家格言》《朱子家训》，是三百年来最具影响力的家训书籍。刚才表演的小故事就是从这本家训中得来的。我们一起读一下《朱子家训》中的原话。

（出示课件）

女生：黎明即起，洒扫庭除，要内外整洁。

男生：既昏便息，关锁门户，必亲自检点。

学生：一粥一饭，当思来之不易；半丝半缕，恒念物力维艰。

四、感家风——悟家训

田老师：良好的家风、家训，就像沁人心脾的阵阵凉风，吹拂着我们的面庞；又如清新宜人的空气，透进每个人的心田，滋润着每个人的心灵。古人曾说，有家规的家庭，是书香门第；有家规、有家训的家庭，是豪门贵族；有家规、有家训、有家风的家庭，是王侯将相之家。然而，随着时代的变迁，许多良好的家风、家训却在不断消失。下面这两件事例，谁愿意读给大家听听？

（出示两件事例）

事例一：

有一天，我走进一家餐厅吃饭。旁边，一位妈妈带着两个孩子在就餐。这两个孩子一会儿爬上了餐桌，一会儿大喊大叫不吃这个不吃那个，一会儿为抢一盘好吃的哭闹起来……

事例二：

前段时间，我在电视上看到这样一则新闻：在上海城郊，一对六十多岁的兄妹将七十九岁的老母亲赶出家门。老人被遗弃五日后，由于饥寒交迫不幸身亡。

田老师：同学们，看了这两件事例，你们有什么感受？请四人小组合作，选取一件你印象深刻的事例进行讨论。你认为他们做得合适吗？为什么？

（四人小组自由讨论）

田老师：大家讨论得十分热烈。谁愿意分享一下自己的看法？

学生：我们小组讨论的是事例二。我们一致认为，事例中的兄妹俩都太不孝了。作为子女，我们应该孝顺父母、关心父母。父母把我们养大很辛苦。

学生：我们小组讨论的是事例一。我们认为在公众场合要讲文明，不能大声喧哗。

学生：在公共场合不能这样没礼貌，又不是自己家里，父母有责任教育自己的孩子。

田老师：谢谢同学们的精彩发言。同学们，古代众多的家风、家训中，最重要的就是孝。宝安县上合村的黄氏宗祠，是为了纪念西晋时的黄舒而建。黄舒可以说是宝安有史记载的第一位名人。他因为孝而出名。据史料记载：其父故去时，他悲痛欲绝，从远处背来一筐筐土为父造坟。坟成后，他在旁边搭建一个茅草棚，而后白天劳动，晚上来此为父守坟。其间，他不食肉，不饮酒，每天一瓦罐稀饭，一守就是三年。几年后，他的老母亲也去世了。黄舒在原地再次搭起草棚，又为母亲守孝三年。黄舒行孝的故事感动了无数的人。祠堂大门牌匾上的赫然大字"孝行流芳"正是这段历史的见证。如今，在宝安上合、福田上沙、下沙、上梅林、南山北头村都有黄氏族人，他们都以黄舒为荣，以"孝"为家训，以"孝"为家风世代传承。请同学们读读这段话。

学生：父母呼，应勿缓。父母命，行勿懒。父母教，须敬听。父母责，须顺承。

田老师：这是《弟子规》中的句子。谁知道什么意思呢？

学生：父母叫我们做事，我们要快去做。

学生：父母的话我们应该听。

田老师：这段话的意思是父母呼唤，要及时回答，不要过了很久才应答；父母差遣，要立刻去做，不可拖延或偷懒；父母教导，应该恭敬地聆听；父母批评，应当顺从地接受。同学们，当父母呼唤我们的时候，我们是否及时答应了呢？当我们做错事，父母教育我们的时候，我们是否不耐烦甚至大发脾气呢？当父母辛劳一天还要照顾我们的时候，我们是否还不满足呢？我们应该怎么做呢？

学生：百善孝为先。

田老师：是的，无论何时，无论何地，以"孝"为风，尊敬老人、孝顺长辈永不过时。再看第一件事例。吃饭这件看似最简单的事，在我们老祖宗看来却是天大的一件事。俗话说"民以食为天"，一个简单的吃饭却透着大规矩。瞧——

（播放课件）

田老师：同学们，这些吃饭的规矩在今天看来也许有些陌生，也许有些小题大做，但对我们中国人来说却是最大的家规。家规体现的不仅是一个人的素养，更能展现一个家族的家风。同学们，生活中展现文明素养、良好家风的细节还有很多，比如不乱扔垃圾、过马路不闯红灯、在公共场所排队不喧哗……从细微处见素养。老师送给大家一句话："勿以恶小而为之，勿以善小而不为。"这是三国时期刘备教育儿子的一句家教名言，意思是不要因为好事小而不做，更不能因为坏事小而去做。一起读。

学生：勿以恶小而为之，勿以善小而不为。

田老师：同学们，如果我们每个人能多关注生活中的小细节，在家里守一点家规，养成良好的家风，相信我们的家将会更美满温馨；如果我们每个人在班里讲一点班规，养成良好的班风，相信我们班肯定将更快乐团结；如果我们每个人在社会上多一份谦让，讲一点文明，何愁没有好国风呢？

五、重体验——话今朝

田老师：同学们，说了这么多的家风、家训，那你们家的家风、家训又是什么呢？让我们带着这个问题来玩个小游戏——照镜子。游戏规则是我怎么做，你就怎么做。开始！

（游戏体验）

田老师：刚才的游戏中你们有什么感受和想法？

学生：老师，你好有趣，你刚才有笑、有哭。

学生：还有扔垃圾、发脾气。

学生：老师做好的，我们也跟着学好的；老师做不好的，我们也会学不好的。

田老师：是的。家风如一面镜子，照出的是一举一动，折射的是一点一滴；家风如一把尺子，度量的是一言一行，影响的是一生一世。家风的形成，无关贫富，只关德行。同学们，请你们静下心来好好想一想，你们家的家风、家训是什么呢？你们的父母平常说的最多的话是什么呢？请大家动动笔写下来吧！

（学生在卡片上写下自己的家风、家训，并张贴在黑板上）

学生：我们家的家训是——百事孝为先。

学生：我们家的家风是——以诚信为本。

田老师：同学们，家是最小国，国是千万家。家风也好，家训也罢，我们只要带着家的温暖，装着家的期盼，怀着家的未来，为社会奉献自己的才智，一个富强、文明、民主、和谐的大家庭就一定能够建成。

《诗经·周南·关雎》

■ 黄淑灵

（播放《婚礼进行曲》）

黄老师：我们一般会在什么场合听到这样的音乐？

学生：婚礼上。

黄老师：古代没有电脑、唱机等音乐播放器材，你们认为古人的婚礼上会有婚礼进行曲吗？如果有，他们的婚礼进行曲是怎么放出来的呢？

学生：我认为有，可能是拉二胡或吹笛子吧。

学生：我也认为有，可能是弹古琴或古筝。

学生：有，可能是参加婚礼的人一起给他们唱歌。

黄老师：看来大家都很有想法，真好！古人结婚时，也和今天一样，是有婚礼进行曲的。大家想听听吗？

学生：想！

（出示《关雎》）

黄老师：这就是古人的婚礼进行曲。谁来读一读它的题目？你知道题目是什么意思吗？

看来有点难度，大家都还在思考。"雎"，从隹，短尾鸟，且声。再来读读题目，想想这是什么意思。

学生：关雎，这是一种鸟。

黄老师："窈窕"这个词，有人知道它的意思吗？

学生：窈窕，指人的身材好。

黄老师：古文"窈窕世无双""窈窕艳城郭""入则乱发坏形，出则窈窕作态"中都与其意思相同，都是指文静而美好的，身姿修长。一般用来形容——

学生：女子。

黄老师：这篇文章又是雎鸠又是淑女的，究竟是想要表达什么呢？别急，要想理解古人的婚礼进行曲，得先把课文读通顺。

（指定几名学生读课文，要求读准字音，读顺句子，读好断句，相继指导理解参差、荇菜、寤寐、芼、乐，齐读课文）

黄老师：同学们读得真好！给大家讲个故事吧！故事开始前，我有个小小的要求，不知道同学们敢不敢答应？

学生：敢！

黄老师：这个故事我讲到哪里，你们就在《关雎》中找到对应的句子来回应我，好吗？

学生：好的。

黄老师：关关和鸣的雎鸠，相伴在河中的小洲。那美丽贤淑的女子，是君子的好配偶。

学生们：关关雎鸠，在河之洲。窈窕淑女，君子好逑。

黄老师：参差不齐的荇菜，淑女从左到右去采它。那美丽贤淑的女子，君子醒来睡去都想追求她。

学生：参差荇菜，左右流之。窈窕淑女，寤寐求之。

黄老师：追求却无法得到，白天黑夜总是思念她。长长的思念啊，叫人翻来覆去难以睡下。

学生：求之不得，寤寐思服。悠哉悠哉，辗转反侧。

黄老师：参差不齐的荇菜，淑女从左到右去采它。那美丽贤淑的女子，君子奏起琴瑟来亲近她。

学生：参差荇菜，左右采之。窈窕淑女，琴瑟友之。

黄老师：参差不齐的荇菜，淑女从左到右去拔它。那美丽贤淑的女子，君子敲起钟鼓来取悦她。

学生：参差荇菜，左右芼之。窈窕淑女，钟鼓乐之。

黄老师：在同学们的合作下，我们了解了古人的爱情观念。《关雎》选自《诗经》，正所谓"歌以咏志，诗以传情"。有人读过《诗经》吗？

学生：我读过，《诗经》是我国最早的一部诗歌总集。

黄老师：读书的同学最美！

学生：《诗经》共有305首诗，分为"风、雅、颂"三个部分。

黄老师：《关雎》是《诗经》的开篇之作，有着不可替代的作用。据说《诗经》中的诗当时都是能演唱的歌词。同学们还记得吟诵口诀吗？

学生：一二声平三四仄，入声规则很奇特，平声吟长仄声短，韵字平仄皆回缓。

（学生练习吟诵）

黄老师：如果古人能和我们心意相通的话，他们一定会为同学们的吟诵而感动的。吟诵了这么多遍，你们发现《关雎》这篇课文有什么特别的吗？

学生：有很多相同的表达，如参差荇菜，左右采之……

黄老师：是的。这种写作方法是重章迭唱，营造出了一种喜庆的气氛。这首诗还非常生动地运用"兴"的手法。兴是一种自由联想，起到引出下文的作用，如河水沙洲上的鸟鸣，引起读者的遐想，把人带到一片平旷辽远的境地之中，诗也因此显得分外质朴自然。这种手法在《诗经》的各个篇章中广泛应用，如《采葛》《大叔于田》等。

孔子对《诗经》有很高的评价，"诗三百，一言以蔽之，思无邪""温柔敦厚，诗教也""不学诗，无以言"。孔子认为，研究《诗经》可以培养联想力，提高观察力，学习讽刺方法，可以运用其中的道理侍奉父母、服务君主，从而齐家、治国、平天下。

同学们，《诗经》的魅力这么大，希望你们课后认真读一读，传承中国优秀的传统文化，更期待你们在将来步入婚姻殿堂的时候，能穿上美丽的中式礼服，在质朴动听的《关雎》声中，接受亲朋好友的祝福。

（师生一起吟诵）

《诗经·周南·螽斯》

■ 黄淑灵

黄老师：今天，我们来认识一种小动物。有同学见过它吗？

学生：见过，这是蝈蝈。

黄老师：对，北方人一般叫它蝈蝈，而古人则称它为螽斯。

学生：原来螽斯是这种动物啊，我还以为是别的东西呢。

黄老师：没想到它还有这么文雅的名字吧。根据你平时的生活经验，猜猜它的特性有哪些？

学生：夏天出现概率大，繁殖能力特别强。

黄老师：同学们平时一定很爱读书吧！是的，螽斯是一种繁殖能力特别强的小动物。《诗经》中为何写螽斯这种动物呢？今天老师和大家一起来学习。请同学们拿起诗歌读一读，读的过程中要注意读准字音，感受节奏。

（学生朗读）

黄老师：同学们读得都很认真，谁来读给大家听一听？

（指定两名学生朗读，并指导诜、振、薨、绳、揖等字的正确读音）

黄老师：两位同学的朗读都很动听，个别不太准确的读音我们也纠正过来了。请大家一起准确地把诗歌读一读。

（学生朗读）

　　黄老师：琅琅书声，如螽斯振振。同学们读完之后，对这首诗有没有大概的理解呢？下面，老师每说一句话，请大家对照诗歌找出合适的诗句。

　　黄老师：蝈蝈张翅膀，成群飞来乱纷纷。

　　学生：螽斯羽，诜诜兮。

　　黄老师：你的子孙多又多，家族兴旺又繁盛。

　　学生：宜尔子孙，振振兮。

　　黄老师：蝈蝈张翅膀，成群飞来嗡嗡响。

　　学生：螽斯羽，薨薨兮。

　　黄老师：你的子孙多又多，世代绵延长啊。

　　学生：宜尔子孙，绳绳兮。

　　黄老师：蝈蝈张翅膀，成群飞来聚成团。

　　学生：螽斯羽，揖揖兮。

　　黄老师：你的子孙多又多，和睦好欢畅啊。

　　学生：宜尔子孙，蛰蛰兮。

　　黄老师：同学们都是读诗高手啊！完全正确。仿照刚才老师和同学们这样一说一对的方法，请男女生对诗、同桌对诗。

　　（学生们练习对诗）

　　黄老师：现在大家对《螽斯》这首诗歌非常熟悉了，其中"宜尔子孙"反复出现，在赞叹什么？

　　学生们：多子多福，子孙繁盛。

　　黄老师：是的，古人把螽斯与子孙联系一起，其实是有寓意的。课前已安排同学们查找相关资料了，谁能说说二者之间有什么关联吗？或者说古人为什么要借螽斯来歌颂多子多福？

　　学生：我查找到了。早在原始社会末期，大禹开崇拜蝈蝈的先河，后来蝈蝈便成了大禹氏族的图腾。

　　学生：《螽斯》节奏欢快地展现了一个载歌载舞的场面，整篇都在颂扬蝈蝈的种族兴旺。这是当时生产力低下时对生命繁衍的期盼，是一首祝人多生子女的喜庆民歌。

学生：我查到螽斯是一种繁殖能力极强的动物，古人借这种动物祈愿人类像螽斯一样子孙满堂。

黄老师：说得好！由此产生了"螽斯衍庆"这一成语，用来喜贺子孙满堂。

学生：我查到古人曾经把螽斯当作宠物。

黄老师：确实是这样的。古时候，连皇室也被螽斯迷得不能自拔！当然，皇室对它的喜爱正是缘于它的特性。

（出示门匾图片）

黄老师：这块门匾是紫禁城里西六宫的"螽斯门"，对应的是"百子门"，而东六宫门匾上挂的则是"麟趾门"，其对应的就是"千婴门"，同样都是祈求子孙昌盛。

黄老师：《麟之趾》也写得很美，大家一起朗读一下。

（学生朗读）

《麟之趾》

麟之趾，振振公子，于嗟麟兮。

麟之定，振振公姓，于嗟麟兮。

麟之角，振振公族，于嗟麟兮。

黄老师：在古人心中，一个人、一个姓氏、一个种族，都需要子孙繁盛。像这样借物来歌颂或祝福的诗歌还有很多，如祝他人新婚美满的《樛木》。

（学生朗读）

《樛木》

南有樛木，葛藟累之。乐只君子，福履绥之。

南有樛木，葛藟荒之。乐只君子，福履将之。

南有樛木，葛藟萦之。乐只君子，福履成之。

黄老师：还有祝福姑娘幸福出嫁、婚姻美满的《桃夭》。

（学生朗读）

《桃夭》

桃之夭夭，灼灼其华。之子于归，宜其室家。

桃之夭夭，有蕡其实。之子于归，宜其家室。

桃之夭夭，其叶蓁蓁。之子于归，宜其家人。

黄老师：同学们读得真好听！感兴趣的同学课后可以去读一读《诗经》，感受古人千回百转的情思和寓意深远的民风。

《登鹳雀楼》

■ 黄淑灵

（课件出示《登鹳雀楼》）

黄老师：同学们对这首诗一定不陌生，相信大家都能读，是吗？

学生：《登鹳雀楼》"白日依山尽，黄河入海流。欲穷千里目，更上一层楼。"

黄老师：纠正一下题目的停顿，应读"登/鹳雀楼"，而不是"登/鹳/雀/楼"。请大家正确读一遍诗题。

学生：登/鹳雀楼。

黄老师：如果诗人登的是黄山，可以说——

学生：登黄山。

黄老师：如果诗人登的是学校的文雅楼，可以说——

学生：登文雅楼。

黄老师：鹳雀楼是中国四大名楼之一，旧址在山西永济县（今山西永济市），楼高三层。相传是常有许多鹳雀鸟飞到那里聚集一起，因此得名"鹳雀楼"。请同学们自由读诗，注意读准字音。

（学生自由读诗）

黄老师：会读书的同学一定也有着丰富的想象力。请同学们想象一下，从古诗中读出了一幅怎样的画面?

学生:我读到了"夕阳西下,黄河入海"的画面。

黄老师:你从哪一句诗读出这样的画面?

学生:白日依山尽,黄河入海流。

黄老师:这两句诗给我们展现了实实在在的景象,是写实的句子。诗的三、四句又写出了什么呢?你认为读懂哪个字就能理解诗境?

学生:我认为是"穷"字。

黄老师:是的,请大家看一下"穷"的意思。

(出示屏幕)

(1)完结、尽头。

(2)贫。

黄老师:如果让你选择诗中"穷"的意思,你会选择哪一种解释?

学生:选择第一种。

黄老师:正确!我们现在知道三、四句的意思了吧?

学生:想要看得远,就要再上一层楼。

黄老师:站得高就望得远。"穷"的这个意思也藏在我们熟悉的另一首古诗词中。一起来读一读——

(课件出示古诗)

学生:《晓出净慈寺送林子方》"毕竟西湖六月中,风光不与四时同。接天莲叶无穷碧,映日荷花别样红。"

黄老师:其实,这个意思早在荀子《劝学》"吾尝跂而望矣,不如登高之博见也"和《吕氏春秋·顺说》"顺风而呼,声不加疾也;际高而望,目不加明也,所因便也"中就出现了。你能用一个四字词语或成语来概括下今天学到的这首诗吗?

学生:登高望远。

黄老师:好一个"欲穷千里目,更上一层楼"!这样一首千古五绝,给人留下了宝贵的精神财富。根据课前预习,谁能简单介绍一下作者?

学生:边塞诗人王之涣,曾任河北衡水县(今河北衡水市)的主簿,后因遭人诬陷而罢官,从此过上了访友漫游的生活。

黄老师：写这首诗的时候，他只有三十五岁。一个人在此境遇下，还能做到不放弃理想，不自暴自弃，值得我们大家学习。让我们带着敬佩的心情来读一读。

学生：欲穷千里目，更上一层楼。

黄老师：诗人因登楼而赋诗，鹳雀楼因诗而出名。让我们读一遍全诗吧。

学生：《登鹳雀楼》"白日依山尽，黄河入海流。欲穷千里目，更上一层楼。"

黄老师：除了王之涣的这首《登鹳雀楼》，你还知道哪些描写鹳雀楼的古诗？

学生：《登鹳雀楼》"迥临飞鸟上，高出世尘间。天势围平野，河流入断山。"

黄老师：千百年来，普遍认为写鹳雀楼最有名的古诗当属王之涣这首五绝。这样的千古绝唱，令我们百读不厌。

期待同学们在思想懒惰时，读一读——

学生：欲穷千里目，更上一层楼。

黄老师：在人生困境时，读一读——

学生：欲穷千里目，更上一层楼。

黄老师：在功成名就时，读一读——

学生：欲穷千里目，更上一层楼。

《题西林壁》

■ 蔡广丽

蔡老师：我们的祖国地大物博，景色优美。在江西省有一座享誉古今中外的名山，即山清水秀的庐山。今天，让我们一起走进美丽的庐山。

（课件播放庐山图片）

蔡老师：随着优美的音乐，我们来到了庐山。这里山高水长，云雾迷蒙；这里古木参天，鸟语花香；这里流泉飞瀑，如梦似幻，是一幅充满魅力的天然山水画卷，吸引了无数的文人墨客。我们沿着山道拾级而上，来到西林寺内，首先映入眼帘的是墙上的一首诗——《题西林壁》。

（课件出示古诗）

蔡老师：这个题目的意思是——

学生：书写在西林寺墙壁上的诗。

蔡老师：对。江西庐山西林寺，坐落于庐山北麓，建于东晋太和二年（366），由太府卿陶范创建，为庐山北山第一寺。寺中原有一堵墙，苏轼来游，看到壁上前人题诗甚多，顿时兴起，索笔写下《题西林壁》，传为千古佳诗。

关于这首诗的作者苏轼，同学们了解多少？

（课件出示作者简介）

苏轼，字子瞻，号东坡居士，北宋著名文学家、书画家。他的诗、文、书、画都取得了很高的成就，是"唐宋八大家"之一，著有《东坡全集》。

蔡老师：现在让我们一起来欣赏这首诗。请同学们仔细读上几遍，注意读准字音，要把诗念得字正腔圆。

（指名读、评价合作读，然后老师范读）

蔡老师：老师读得美吧？老师相信同学们一定也能读得这么美。让我们一起读这首诗。

（学生朗读）

蔡老师：诗写得美，同学们读得更美。一首古诗，往往就是一幅古朴典雅的画卷。只要你用心去读、去感受，就能看到这幅画。下面请同学们结合注释反复读古诗，看谁能把它读成一幅画。

（学生在音乐声中反复读）

《题西林壁》

横看成岭侧成峰，远近高低各不同。

不识庐山真面目，只缘身在此山中。

蔡老师：谁能说说你读到的画面是怎样的？

（引导学生说出山岭和山峰的样子，把画面说完整）

学生：我看见庐山横着看是连绵起伏的山岭，侧着看是高高挺立的山峰。

蔡老师：远看庐山如何？

学生：群山环绕，重峦叠嶂。

蔡老师：近看又如何？

学生：山壁上突出来的石头快撞到我的头了，还有很多树长在悬崖上。

蔡老师：看来，你真的是身临其境了。俯下身看，你看到什么？

学生：我看到了瀑布，飞流直下三千尺。

蔡老师：站在不同的角度，看到的景物就不同。作者通过哪句诗来表现这些画面？

学生：横看成岭侧成峰，远近高低各不同。

蔡老师：当苏轼看到如此迥然不同的美景，他不禁感叹道——

学生：横看成岭侧成峰，远近高低各不同。

蔡老师：刚才我们讲的横、侧、远近高低，是按什么顺序看庐山？

学生：方位顺序。

（板书：方位）

蔡老师：还可按哪些顺序看庐山？

学生：早上、中午、晚上。

蔡老师：这是一天中不同的时间去看。

学生：春夏秋冬看到的也不一样。

蔡老师：对，季节不同，景色也不同。

学生：还有天气不同，晴天、阴天、雨天时看到的景色也不同。

（课件出示各个角度、各个季节、不同时间的庐山图片）

蔡老师：同学们真善于思考。不同的人在不同的季节、不同的时间、不同的天气怀着不同的心情站在不同的地方，看到的庐山都不一样，真是——

学生：横看成岭侧成峰，远近高低各不同。

蔡老师：为什么看不清楚庐山的真面目呢？

学生：因为置身在庐山中。

蔡老师：大家还有什么疑问吗？

学生：庐山真正的面目指什么？

蔡老师：同学们带着这个疑问，再去读读这首诗，看看能否找到答案。

学生：是指庐山的全景。

蔡老师：你还想知道什么？

学生：为什么说看不到庐山的全景是因为身在庐山中？

蔡老师：带着问题，默读古诗。

（学生默读）

学生：在山中看到的景色有限。

蔡老师：同学们带着自己的理解再读读整首诗，还能读出些什么？

学生：看待事物要全面。

学生：当局者迷，旁观者清。

蔡老师：在日常生活中有遇到过这样的事吗？

（小组讨论）

蔡老师：作者看到了庐山的美景，感悟到了人生哲理。下面，同学们就是大诗人苏轼。请"大诗人"闭上眼睛，随老师一起走进庐山。横着看，山岭起伏，连绵不断；侧着看，山峰高耸，直插云天；远远地看，云雾缭绕；挨近了看，悬崖峭壁；抬头仰望，飞流直下；低头俯视，深谷幽潭。庐山美，是雄奇，是壮丽？是险峻，还是秀美？身在庐山之中，真是感慨万千。

蔡老师：我们来欣赏王安石的《登飞来峰》。

（出示课件）

《登飞来峰》

飞来山上千寻塔，闻说鸡鸣见日升。

不畏浮云遮望眼，自缘身在最高层。

蔡老师：还有李白的《望庐山瀑布》。

（出示课件）

《望庐山瀑布》

日照香炉生紫烟，遥看瀑布挂前川。

飞流直下三千尺，疑是银河落九天。

蔡老师：描写美景的古诗还有很多，大家课后收集一些，并细细地品味和欣赏，然后把自己的感受写下来。下节课我们来展示，看谁是小小欣赏家。

今天，老师很高兴与大家一起看庐山、品人生，这其实是一门很深的学问，值得我们一辈子研究。最后，让我们和作者一起，站在庐山之巅，看着眼前变幻莫测的景象，抒发自己的感情。

（学生配乐齐诵）

《望庐山瀑布》

■ 黄淑灵

（课件出示《赠汪伦》）

黄老师：同学们还记得这首古诗吗？大家一起读。

学生：《赠汪伦》李白乘舟将欲行，忽闻岸上踏歌声。桃花潭水深千尺，不及汪伦送我情。

黄老师：今天，我们一起来学习诗仙李白的另一首诗。谁能读一读题目？

学生：《望庐山瀑布》。

黄老师：题目中有两个生字，你都能读准，太棒了！看看"庐"，你能给它换个偏旁吗？

学生：换个三点水，变成上海的简称"沪"。

学生：换个提手旁，变成爱护的"护"。

学生：换个火字旁，变成火炉的"炉"。

黄老师：同学们，你们比较一下"炉"和"庐"。

学生：它们读音相同，偏旁不同，表示的意思也不同。

黄老师：对，这样的汉字属于形声字。它们的特点是——

学生：一边表示字义，一边表示读音。

黄老师：非常棒！同学们形声字的知识掌握得很到位，我们再来看个字谜。

（课件出示"暴"的字形演变）

黄老师：大家猜一猜这是什么字呢？

学生：暴。

黄老师：你真是火眼金睛！非常正确！"暴"字如果加个三点水，变成"瀑"，读什么？

学生：Pù。

黄老师：是的。同学们都知道哪些有名的瀑布？

学生：壶口瀑布，世界第一黄色瀑布。

学生：镜泊湖瀑布，是中国最大的火山瀑布。

学生：德天瀑布，亚洲最大的跨国瀑布。

黄老师：同学们的知识面很广。我们既要读万卷书，也要行万里路。尼亚加拉瀑布、维多利亚瀑布和伊瓜苏瀑布，这世界三大瀑布都非常壮观，大家有机会可以去看一看。

（课件出示"疑"的字形演变）

黄老师：这个字看着好复杂啊！如果同学们能够留心生活，那就不难了。这个字与很多成语是好朋友。大家说一说带"疑"的四字词语或成语吧？

学生：疑神疑鬼。

学生：不容置疑。

学生：疑难杂症。

黄老师：同学们的识字能力真是不一般！老师奖励你们一个故事。相传，江南四大才子之一的唐伯虎游杭州时，去西湖边散步。他走到断桥，忽然发现桥头栏杆上有一首填空诗："日照香（　）生紫烟，遥看（　）布挂前川。飞（　）直下三千尺，（　）是银河落九天。"唐伯虎看后，立即来了兴趣，在空白的地方写上字，补成了一首绝妙好诗。你知道他填了哪些字吗？

学生：他分别填了"炉、瀑、流、疑"这四个字。这首诗就是我们今天学习的《望庐山瀑布》。

黄老师：真是奇妙！短短28个字，就为我们描绘了一幅美丽壮观的画面。同学们可以多读几遍，试着把它背下来。

学生：《望庐山瀑布》日照香炉生紫烟，遥看瀑布挂前川。飞流直下三千尺，疑是银河落九天。

黄老师：请大家闭上眼睛，听老师朗读这首诗，想象一下你听到的画面。

（老师朗读）

黄老师：你好像看到了什么？听到了什么？

学生：我似乎看到了从天而降的瀑布，听到了哗啦啦的水声真是壮观！

黄老师：说得好！我还想再读一读这首好诗，请大家注意听，找出这次老师和前面读得有什么不一样？

《望庐山瀑布》日照！香—炉——生—紫烟——，遥看！瀑布挂！前—川——。飞流——直下！三—千——尺！，疑——是银—河——落！九天——。

学生：我听到老师有些字读得很长，有些读得很短促。

黄老师：你真是个会倾听的孩子，听得非常清楚。再来听一遍。

（老师再次读此诗）

学生：我发现，读音为一、二声的字读得比较长，而读音为三、四声的字却读得很快、很短。

黄老师：我发现同学们很有读书的天赋。刚才，黄老师不是朗读，而是在吟诵。中国古代读书就是吟诵，吟诵就是读书。朗读是近代从西方传入的一种读法，后来渐渐代替了吟诵。读古诗词，朗读起来似乎首首都是一个调，而吟诵要根据规则吟诵。吟着吟着，你和诗人就心意相通了，请大家跟着黄老师来一起吟诵这首诗。

（师生一起吟诵）

黄老师：吟诵并不难，只要掌握了规则，平时多练习，大家很快就会吟诵。老师送给大家一个吟诵口诀：一二声平三四仄，入声规则很奇特，平声吟长仄声短，韵字平仄皆回缓。大家一起把它记下来。

（学生齐读）

黄老师：看得出来，同学们对吟诵很感兴趣。大家课下多练习，相信一定能学会。让我们一起在吟诵中结束这节课吧！

（学生一起吟诵）

《夜书所见》

■ 邓 熠

第一环节

邓老师：同学们，清代诗人袁枚写的《所见》你们会背吗？大家一起来试一下。

（学生齐背）

邓老师：对，这是袁枚的《所见》。大家还记得"见"是什么意思吗？

学生：是"看见"的意思。

邓老师：正确。"见"就是"看见"的意思，"牧童骑黄牛"就是他看见的。（板书：看见）除了看见，诗中还写了——

学生：听见。

邓老师：他还听见"歌声振林樾"。（板书：听见）"见"就是"看见、听见"。今天，我们来学习叶绍翁的《夜书所见》。

第二环节

（课件出示《夜书所见》）

邓老师："书"有两种意思：一是"写，记录"；二是"装订成册的著作"。在这首诗中是什么意思呢？

学生：是"写，记录"的意思。

邓老师：对。"书"在这里就是"写"的意思。那么，整个题目什么意思？

学生：把自己看见的、听见的写下来。

邓老师：是的。如果把时间再加进去就更好了。夜里——

学生：把自己夜里看见的、听见的写下来。

邓老师：如果在前面加上人物就更完整了。

学生：叶绍翁把自己夜里看见的、听见的写下来。

邓老师：你们已经理解题目的意思了。老师有个建议，把"写"放到前面，句子会更通顺。谁会说？

学生：叶绍翁写下了夜里看见的、听见的。

邓老师：是的，这就是题目的意思。我们再齐读一遍题目。

学生：《夜书所见》。

邓老师：如果在"夜书"这里停一下就更好了。

学生：《夜书/所见》。

邓老师：夜里静悄悄的，谁来轻轻地读？

学生（轻读）：《夜书/所见》。

第三环节

邓老师：接下来，我们去读古诗。诗里有一个字，请大家注意，（板书：挑）平常读"tiāo"，这里读"tiǎo"。

读诗之前，老师建议同学们做到把古诗读正确、读通顺。对照注释，想想诗中哪些事情是作者的所见。

（课件出示要求；学生自由读古诗）

邓老师：同学们读得都很认真。谁愿意朗读给大家听？

（学生朗读）

邓老师：你很聪明，听老师一说，马上把"挑"这个字读对了。你们知道为什么读三声吗？

学生："捉"。

邓老师："挑"是"捉"的一种动作，指的是用树枝把泥土挖开，把里面的蟋蟀挑出来。这首诗里还有一个词——"促织"，这是什么意思呢？

学生：蟋蟀、蛐蛐。

邓老师：是的。在古代，人们把蟋蟀、蛐蛐称为"促织"。老师这儿还有一个故事，大家想听吗？

学生：想！

邓老师：明朝宣德年间，皇宫里盛行斗蟋蟀，每年都要向民间征收。于是，那些游手好闲的年轻人，捉到好的蟋蟀就用竹笼装着喂养，借机抬高它的价格。乡里的差役们狡猾刁诈，也借这个机会向老百姓摊派费用，每摊派一只蟋蟀，就常常使好几户人家破产。

有个叫成名的人，为人拘谨，不敢说话，被刁诈的小吏报到县里，担任里正的差事，负责征收。他既不敢勒索老百姓，又没有抵偿的钱，忧愁苦闷，想要寻死。妻子让他自己去捉，于是他就早出晚归，不过各种办法都用尽了，最终都没有成功。成名没有捉到蟋蟀，无法按时上缴，被打得半死。

这时，村里来了个驼背巫婆，她能借鬼神预卜凶吉。成名的妻子准备了礼钱去求神。巫婆给了一幅画，指引成名去一个地方捉蟋蟀。后来，成名果然捉到一只看起来很厉害的蟋蟀。可是不巧，成名有个九岁的儿子，趁父亲不在家，不小心弄死了这只蟋蟀。儿子怕被父亲打，跳井了，救出来之后并没有死，只是整天呆呆的，气息微弱，只想睡觉。第二天，成名又发现了另一只个儿短小、黑红色的蟋蟀。为了保险，成名让这只看起不怎么样的蟋蟀和村里一只非常厉害的蟋蟀斗。结果，这只小蟋蟀特别厉害，连公鸡都怕它了。

后来，成名把蟋蟀献给县官。县官见它小，怒斥成名。成名讲述了这只蟋蟀的厉害，把别的蟋蟀、鸡都斗败了。因此，成名得到了很多奖赏。过了一年多，成名的儿子精神复原了。他说自己变成一只蟋蟀，轻快而善搏斗，到这时才苏醒过来。不到几年，成名就有一百多顷田地，很多高楼殿阁，还有成百上千的牛羊。他每次出门，都身穿轻裘，骑高头骏马，比世代做官的人家还阔气。

听完故事，大家知道了"促织"就是蟋蟀，很多古代人都喜欢玩呢。那么，有人愿意读一读这首诗吗？

（学生依次朗读）

邓老师：刚才这几位同学都能一字不差地读下来，真厉害。要把古诗读得有味道，还要注意停顿，这些"|"就表示停顿，大家试试看。

（学生朗读）

邓老师：同学们把停顿读得特别棒，有诗的味道了。

第四环节

邓老师：同学们，理解了古诗就能读得更好。哪些事情是作者所见呢？

学生：捉蛐蛐。

邓老师：用诗里的话就是"儿童挑促织"。还有吗？

学生：他住在江上，听见一阵秋风吹过。

邓老师：他听见了"江上秋风"，但要注意他不是住在江上，而是住在江边。

学生：夜深篱落一灯明。

邓老师：这里的"一灯"是哪里呢？

（板书：一灯）

学生：篱笆里。

邓老师："篱落"，我们在哪句诗里见过？

学生：篱落疏疏一径深，树头花落未成阴。

邓老师：这些都是篱笆的意思。同学们，作者还听到什么吗？

学生："萧萧"。

邓老师："萧萧"是什么呀？

（板书：萧萧）

学生们：风的声音。

邓老师：是的，就是风的声音。

邓老师：同学们，"儿童挑促织"是作者亲眼所见吗？

学生：不是。

邓老师：你从哪里知道的？

学生："知"就是"知道"的意思，不是肯定有。

邓老师：他到底看到什么，才知道有"儿童挑促织"？

学生：他看到篱笆旁有一盏亮着的灯，才知道有儿童在捉蛐蛐。

邓老师：是的，我们要先解释"夜深篱落"，就能解释"儿童挑促织"了。谁试着说说后面两句诗的意思？

学生：他看见篱笆旁边亮着一盏灯，知道了儿童在捉蛐蛐。

邓老师：你说得真好。同学们也来试试！

（学生自由说）

第五环节

邓老师：我们理解了古诗的意思，一定会读得更好！下面，我们逐字逐句地理解一下这首古诗。"萧萧"是一个拟声词，是风的声音。风有时候很柔和，比如说习习的凉风；风有时候很凛冽，比如说呼呼的北风。秋天的风给你什么感觉？

学生：温柔。

邓老师：温柔？跟夏天的风一样吗？

学生：不一样。

邓老师：秋风不那么凛冽，但已有一点冷的感觉。这样的风怎么读出来呢？

学生：可以读得轻，还可以把音节拉长一点。

邓老师：带着一丝凉意的秋风吹过梧叶，会怎么样呢？

学生：梧叶像蝴蝶一样落下来。

（学生轻读）

邓老师：把"萧萧"这个词读得长一点。

（学生再次轻读）

邓老师：你们把秋天的寒意都带过来了，加上"江上秋风"这句，谁能再读一下？

（指定一名学生读）

邓老师：听到你的朗读，我已经感到秋意。

邓老师：江上秋风带来阵阵秋的寒意。作者感受到了这些，想到很多。叶绍翁的家乡在福建，此时正住在杭州，已经好多年没回家乡了。住在西湖畔，他很想念自己的家乡。对于这个村庄来说，叶绍翁是谁？

学生：客人。

邓老师：对。他只不过是一个客人，这里不是他的家乡。这样的夜晚，他会怎样？

学生：想念自己的家乡。

学生：想念自己的父亲、母亲。

邓老师：怪不得他觉得这树叶、这秋风都送来了阵阵寒意。同学们，他仅仅是身体寒吗？还有什么？

学生：心里。

邓老师：把这种感觉放进诗句里读出来。

（学生读）

邓老师：秋天对于作者来说，是个悲伤的季节；对于孩子们来说，又是个美丽的季节。同学们捉过蛐蛐、扑过蝴蝶吗？在玩耍的时候，你的心情怎样？

学生：紧张、高兴、激动。

邓老师：紧张、高兴、激动的时候，我们说话的速度就会快。

（学生读）

邓老师：真不错。我有个问题想不明白，作者只不过是看到了篱落、一灯，怎么就猜到儿童在捉蛐蛐呢？

学生：这个时候，大人都不出来了。

邓老师：他怎么知道小孩会出来？

学生：因为小孩比较贪玩。

邓老师：他为什么非猜他们是捉蛐蛐呢？

学生：因为他小时候肯定也捉过蛐蛐。

邓老师：看来，他是想家了。现在，老师配上音乐，谁愿意把整首诗连起来读一读？

（一名学生读）

邓老师：读得很好！

（另一名学生读）

邓老师：你也读得很好！在这样一个秋夜，诗人忽喜忽悲，所以读的时候也有快有慢。同学们愿意听我读吗？

（老师范读）

邓老师：学我的样子，一起来！

（学生齐读）

邓老师：这节课，我们学习了《夜书所见》这首诗，从中体会到作者叶绍翁的思乡之情。这节课就上到这里，下课！

学生：起立！谢谢老师。

《赠汪伦》

■ 黄淑灵

黄老师：话说汪伦很崇拜李白，苦于不认识而见不到他。那时，所有知道李白的人都知道他有两大爱好——喝酒和旅游，只要有好酒、美景，李白就会欣然而至。于是，汪伦就给李白写了一封信，大概意思是："李先生，你喜欢游玩吗？我这里有十里桃花。你喜欢喝酒吗？我这里有万家酒店。"李白收到信后十分兴奋，就赶到了汪伦的家里。咦？十里桃花在哪儿？万家酒店又在哪儿？汪伦一笑，说："哈哈，我所说的十里桃花指的是十里以外的桃花潭，万家酒店嘛，则是一个姓万的人开的酒店。我之所以把你骗来，是因为我很想跟你做个好朋友啊。"李白一听，没生气，哈哈大笑，接着就住了下来。那几天，汪伦热情款待他，临走的时候，还踏歌相送。李白非常感动，于是即兴吟诗一首，就是——

学生：《赠汪伦》。

黄老师：读读这首诗吧。

（指定一名学生读诗）

黄老师：读着读着，同学们好像看到了什么？眼前出现了怎样的画面？

学生：我仿佛看到了李白坐在船上将要离开时，忽然听到远处传来一阵阵欢乐的歌舞声。李白往岸上看去，原来是汪伦带着乡亲们唱着歌、跳着舞为自己送行呢！李白非常感动，感叹道："桃花潭水的深度都比不上汪伦对我的情谊深啊！"

学生：我仿佛看到了汪伦和李白在码头难舍难分的画面。

黄老师：汪伦为什么要踏歌来送别？自古以来，送别不是让人感到悲伤难过的吗？还记得有那——

学生：孤帆远影碧空尽，唯见长江天际流。

黄老师：还有以酒相送的——

学生：劝君更尽一杯酒，西出阳关无故人。

黄老师：可此时，李白和汪伦的送行中却充满了惊喜与开心。

（学生们开心地读）

《赠汪伦》

李白乘舟将欲行，忽闻岸上踏歌声。

桃花潭水深千尺，不及汪伦送我情。

黄老师：好一个汪伦啊，他踏歌相送，抹去了离别的点点愁绪。李白好像又回到了那几天和汪伦在一起的快乐，一起登高望远，一起把酒言欢，一起……是啊，和汪伦在一起的点点滴滴都是那么快乐。看着汪伦踏歌而来，李白不禁说出了自己的心声——

学生：桃花潭水深千尺，不及汪伦送我情。

黄老师：桃花潭的水真的有千尺深吗？

学生：没有。作者的意思是即使桃花潭的水有千尺深，也比不上汪伦对自己的情谊。

黄老师：说得好。李白当时无法用语言来表达自己的情感，就运用了丰富、夸张的想象。因为这样，才有我们以前学过的——

学生：两岸猿声啼不住，轻舟已过万重山。

黄老师：轻舟一下就能过万重山吗？这是多么丰富的想象。因为有如此丰富、夸张的想象，才会有——

学生：桃花潭水深千尺，不及汪伦送我情。

黄老师：因为有如此丰富、夸张的想象，才有——

学生：飞流直下三千尺，疑是银河落九天。

黄老师：这就是李白，他可以表现为《望庐山瀑布》的雄浑壮阔，也可以表现为《赠汪伦》的洒脱豪放。望着踏歌相送的汪伦，我们又似乎看到了痴痴东望的李白站在黄鹤楼上送别孟浩然，又似乎听到了他深情地吟唱——

学生：故人西辞黄鹤楼，烟花三月下扬州。孤帆远影碧空尽，唯见长江天际流。

黄老师：我们还似乎看到了以酒相送的离别——

学生：渭城朝雨浥轻尘，客舍青青柳色新。劝君更尽一杯酒，西出阳关无故人。

黄老师：不一样的时间，不一样的地点，不一样的人物，不一样的诗句，心底流淌的却是同样美好的友情。同学们，让我们把这份美好的友情，连同美妙的诗句，永远留在我们心中。

（学生齐读全诗）

给父母的情书

■ 李银姬

李老师：在正式上课之前，老师首先给大家放一段视频。

（视频内容是一个实时访谈，主持人分别问年轻的受访者同一个问题：如果现在给你一个500元的红包，你最想拿来做什么？受访者或是回答给自己进行某种消费，如买衣服、买鞋子、做整容，或是想给自己的孩子买玩具）

李老师：视频放完了。老师很好奇，如果给我们在场的同学每人一个500元的红包，大家想要做什么？

学生：买球鞋。

学生：买裙子。

学生：攒起来。

李老师：同学们的发言启发了老师，500元可以有太多用处。事实上，刚才的视频只放了一半，后来主持人找来了这些受访人的爸爸妈妈，让他们回答同一个问题。我们来看看老人们是怎么回答的。

（视频中，老人们无一不想把500元全都用在儿女身上。听到父母的回答，年轻的受访者或惭愧，或落泪，纷纷反思自己对父母爱的有限）

李老师：看完视频，相信很多同学也受到了触动。刚才，大多数同学是不是也想把500元用在自己身上？相信你们的父母如果做同样的调查，他们也会像视频中的父母一样，愿意把钱全都花在你们身上。古代的《劝孝歌》，其中有一句"老母一百岁，常念八十儿"，字面上的意思很好理解，老母亲就算到一百岁，还要时常挂念八十岁的儿子。我们所有人都是幸福的，不管我们在哪里、做什么，始终都会被父母关心和牵挂。既然父母对我们这么好，我们应该怎样做呢？

学生：孝敬他们！

李老师：没错，我们要好好孝敬他们。《论语·为政》中有一段话："今之孝者，是谓能养。至于犬马，皆能有养；不（　），何以别乎？"这段话的意思是：现在，许多人以为孝顺仅仅是赡养父母，让他们衣食无忧。但是像狗和马这样的畜生也能养活它们的父母，替它们劳役。如果不这样做，人与狗或马有什么区别呢？好，现在大家互相讨论一下，括号里可以填上哪个字呢？人与狗或马最大的区别在哪里呢？

（学生讨论后发言，依次回答"孝、顺、悦、尊"等，经过老师点拨，有同学回答出"敬"）

李老师：的确，"敬"是非常重要的，但又经常会被我们忽视。大家不妨回想一下：我们平时对父母有不敬，对他们发脾气，或者不耐烦、心里有意见的时候吗？

（学生回答）

李老师：我们可不可以分享一下，什么样的情况会让我们对父母不敬呢？同学在分享的时候，其他同学请充当智囊。当这种事情发生的时候，我们应怎样做才可以让心绪平和些，既能处理好事情，又能尊敬父母。

学生：我妈妈特别唠叨。一件事情说个一次、两次，我可能也不会说什么，如果说的次数太多，我就会嫌烦，冲她发脾气。

学生：我妈妈也会唠叨。有的时候，我实在想发脾气，就告诉自己，这个妈妈是亲生的、亲生的，发脾气也没办法，换不了、换不了。

（全班同学都笑了起来）

学生：其实，很多时候，妈妈唠叨都是为了我们好。如果我们做好了，她的唠叨就少了，所以没必要发脾气。

（很多学生点头认同）

学生：有一次，我回家晚了，被爸爸妈妈狠狠地批评了。我心里很不高兴，他们问什么我也不说。

学生：我也有过，但是事后一想，如果这样做爸爸妈妈和我都会更生气，所以我告诉自己，以后他们批评我的时候，我就好好承认错误。

李老师：那你后来做到了吗？

学生（不好意思地笑，吞吞吐吐状）：很多时候也做不到。

李老师：说到这里，老师也想分享一下自己的感受。老师经常也会发现父母的不好，比如爸爸太固执己见，妈妈太过节省等。每当和父母有想法上的冲突时，我都会默念一句话，很神奇，念完之后想一想，都没有什么脾气可以发了，大家想知道是什么话吗？

学生：想！

李老师：这句话来自《论语·里仁》："父母之年，不可不知也。一则以喜，一则以惧。"大家可以翻译一下这句话吗？

学生：父母的年龄，不可以不知道，一个以他们为欢喜，一个以他们为恐惧。

李老师：前面翻译得非常准确，后面可以试着再理顺一些。

（学生们继续做着尝试，最后在老师的点拨下，一个学生把这句话翻译了出来）

学生：父母的年龄，做子女的不能不知道。一方面因为他们长寿而高兴，再一方面因为他们年迈而担心。

李老师：这样翻译就说得通了，我们不妨再继续想想，做子女的因为父母年迈而担心什么呢？

学生：担心父母会离开自己。

学生：担心他们会死。

李老师：每当和父母产生分歧的时候，老师就会想，父母的年龄已经很大了，我所能做的就是让他们在有生之年尽量多一些开心和幸福。《论语·子罕》里说："逝者如斯夫，不舍昼夜。"形容时间像流水一样不停地流逝，一去不复返。既然我们把握不了时间，是不是要尝试着在时间长河中留下些什么，比如给父母写一封情书。很多同学觉得跟父母直接表达爱有难度，不妨把心中的爱写出来，写出我们的感恩，写出生活的点滴温情。我们可以先从比较简单的三行情书开始。

（播放视频，学生仿写）

学生：第一眼看到你们，

就注定，我是你们的孩子！

永远……

学生：虽然不知道永远有多远，

但是我知道，

你们是我最爱的人。

学生：六十年后，

你还会有力地牵起我的手吗?

一如今天！

（播放歌曲《时间都去哪了》）

李老师：同学们，你们很多人写的情书都打动了我。老师像你们这么大的时候，还不如你们这般细腻温暖，也并不懂得感恩。老师真心希望你们能把今天写的情书亲手递给你们的爸爸妈妈，让他们为有你们这样的子女而幸福！最后，让我们一起来唱这首歌，在歌声中结束这堂课吧！

（师生齐唱《时间都去哪了》）

聆听国学故事 培养阅读写作

■ 林 苒

学生：老师好。

林老师：请坐。非常开心看到我们的家长和孩子们一起学习，希望今天这节课结束后，家长们能够按照课堂内容去做，带着孩子一起喜欢上阅读，热衷于写作，成为真正的书香家庭。

这节课是一节系列课程。前三节告诉我们要爱上阅读，这节课就是告诉同学们如何在家长的带领下共同阅读。下面，让我们来一起打开"阅读"这扇大门，学习今天的课程——《聆听国学故事，培养阅读写作》。

首先，我给大家讲一个故事，介绍一个人给大家认识。这个人叫范青，家里有一个非常大的藏书楼，收藏了很多书。为了保护这些书，他把钥匙分给家族里的各房人，由各个子孙拿着。当某一位长辈要开门拿书，所有的子孙，也就是所有的钥匙要聚集在一起，才能打开阁楼的门。

这个藏书楼名叫天一阁，名气非常大，现今还留存在世，是世界上最大、最古老的图书馆之一。为了保护藏书，范家立下一条家训，大概意思是当整个家族分家产时，不能分阁楼里面的书；如果家族里有人偷窃了藏书楼里的书，或者在没有请示的情况下把书借了出去，将不被承认是范家的子孙，百年以后不能葬在范家祖坟。大家可以看到，这个家族重视书籍胜过钱财。

反观现在，有书不看书，看书不读书。有书不看书的意思就是买了满屋子的书却没人去看，看书不读书是指看书的时候只看图片不读文字。大家有没有这样的情况？如果有，同学们该怎么办？家长该怎么办？

晚清末年，有位著名的学者，叫缪荃孙。他曾任南菁书院山长、掌泺源书院、任南京钟山书院山长、掌常州龙城书院、任江楚编译局总纂、任江南高等学堂监督、任学堂总稽查，负责筹建江南最高学府三江师范学堂。有一天，他登上藏书楼，要找一本书。因为楼太大，书很多，他找了很久都找不着。于是，他又找到范家的子孙——也就是图书馆的管理人员，让他帮忙找自己要的书。但是问题出现了，他发现范家子孙也找不着这本书。这就很奇怪了，天天对着这些书的人，怎么会不知道书放在哪里呢？一问之下，才知道范家子孙有很多是不认识字的。这也太奇怪了，拥有那么多藏书的范家子孙，竟然那么多文盲！这说明什么？他们有书却不看书。当然，后来有人说就是因为范家子孙不认字才不会去偷书，才保留了这么多的书，而天一阁方能成为最大的图书馆。

如今，很多人也是只买书，却不看书。他们会说："我工作太忙了，回到家还得照顾孩子，实在没时间。"

如果说不认字是一种悲哀，那么我们现在有书不读更是一种悲哀。

（看短片）

同学们，你们知道里面那个小姑娘是谁吗？她是我女儿。从一年级开始，我和她经常分角色扮演书中的人物。她特别喜欢《城南旧事》里面的一个情节，说的是小桂子找到了失散的亲生母亲，义无反顾地和患有精神病的母亲离家出走，却不幸被车撞死了。

每次读到这里，她就哭得稀里哗啦的。我们经常分角色表演，我演小桂子的妈妈，她演英子和小桂子。恰逢深圳读书月，深圳市语言改革委员会将举办一场经典诗文朗诵比赛。我想既然女儿这么喜欢这个情节，而我们又演了那么多遍，是否可以朗诵《城南旧事》里的这一篇参加比赛呢？为此，我着手进行创作、改编，最终把它搬上了舞台。

那天的演出非常顺利，最后获得一等奖。女儿演的英子，因为角色把握到位，获得评委的好评。女儿从小喜欢看书，还能在看书的基础上进行表演，还会朗诵。朗诵对于小学生来说有以下好处：一是能够增强学生的自信心，让他们敢于开口表达，锻炼语感；二是能够让学生进一步理解文章的内容，增强他们的理解能力；三是朗诵时首先需要背诵，可以锻炼他们的背诵能力，增加记忆力，为以后的作文积累素材。

现在，我给大家一些建议。第一个建议是以亲子的方式进行阅读。在学习朗诵的时候，他们首先需要背诵。

女儿一年级的时候，一直喜欢《故事童话》，里面有很多有趣的童话故事。有一次，她要参加街道的小学生故事比赛，那是她第一次参加语言类的比赛。接到比赛任务后，她就开始着手找故事来背诵。为了参加比赛，她要背五分钟的文稿，一千多字的内容。比赛时，她声情并茂地背诵了出来，获得第一名的好成绩。因为她背诵多，所以记忆力特别好。语文老师经常让学生背诵，为什么要背诵？因为背诵也是一门技巧，从小开始背诵，一直坚持到高中，理解那些长篇大论的文言文就简单了。在孩子进行阅读的时候，作为家长怎么办呢？

比如，他们选择了一本书，家长可以跟着一起看，问他们喜欢哪个情节，然后跟他们一起表演这个情节。我女儿曾经喜欢《老鸟与人》，故事中有一只老鸟说人类有贪婪的心，小鸟希望能看这到颗贪婪之心。于是，老鸟便开始表演给小鸟看。我对女儿说："要不，咱们先分配一下角色吧？"女儿愉快地答应了。我女儿是小鸟，我就是那只狡猾的老鸟了。

文章片段如下：

小鸟问父亲："世上最高级的生灵是什么？是我们鸟类吗？"老鸟答道："不，是人类。"小鸟又问："人类是什么样的生灵？""人类……就是那些常向我们巢中掷石块的生灵。"小鸟恍然大悟："啊！我知道啦……可是，人类优于我们吗？他们比我们生活得幸福吗？""他们或许优于我们，却远不如我们生活得幸福！因为人类心中长着一根刺，这根刺无时不在刺痛和折磨着他们，他们自己为这根刺起了个名字，管它叫作贪婪。"小鸟又问："贪婪是什么意思？""嗯？怎么？你想看看？这很容易。若看见有人走过来，赶快告诉我，我让你见识一下人类内心那根贪婪之刺！"少顷，小鸟便叫了起来："爸爸，有个人走过来啦！"老鸟对小鸟说："听我说，孩子。待会儿我要自投罗网，主动落到他手中，你可以看到一场好戏咯！"

各位家长，在和孩子一起演绎的过程中，不仅增进了感情，拉近了距离，还让他们能够了解到阅读书籍的乐趣，深刻地体验到阅读的美妙。

上个星期做讲座的时候，我邀请女儿一起参加，希望她把小时候曾经背诵过的这篇文章表演出来。她欣然同意了。我惊奇地发现，整整8年过去了，她竟然还能把整篇文章按照原来设计的情节进行表演。这种背诵方式让孩子记忆犹新，而在这样的锻炼之下，她的自信心增强了，朗诵水平也提升了。

这就是我给家长的第一个建议。

我希望在座的各位家长以后每天都坚持和孩子一起阅读与朗诵。如果你可以做到，请举手。

（家长举手，学生鼓掌）

第二个建议就是要让孩子随时随地提笔戏作。我说的是"戏作"。没错，我们不要让孩子们觉得写文章是一件很重要、很困难的事情，而且不能让孩子觉得文章是写给别人的。

我曾经给女儿讲过这么一个故事。苏轼在黄州东坡住了一段时间，非常喜欢这个地方，于是给自己起了个号——东坡。有一天，他喝醉了。即使喝醉，也要回家呀。于是，在明月当空之下，他骑着马回家，因为醉得太厉害了，便下马就地一躺，枕着胳膊睡着了。时至半夜，醉酒的东坡半梦半醒中，睁开了眼睛。此时，他惊奇地发现，眼前乱山攒拥，流水锵然，景色美不胜收。他有一刹那怀疑自己不是在尘世中，而身处仙境内，当下诗兴大发，提笔写下了《西江月》。

讲完这个故事以后，我说："孩子，一旦有灵感，无论何时何地都要拿起笔写下来。即使是大文豪苏轼，也是这么做的。"后来，我又给她讲了另一个故事。魏晋南北朝时，洛阳有一位才子，名叫左思。左思这人长得实在是丑陋，而当时都流行阴柔的美男子。虽然相貌丑陋，却不妨碍他文笔出众。为了弥补相貌的缺陷，他努力进行创作。有时在厕所里，灵感一来，他就提笔而写；有时正在吃饭，有了灵感，他拿起笔就写。最后，他写了一部影响深远的巨著——《三都赋》。

故事讲到这，我想起了自己写作最疯狂的时候，有时写到凌晨两点都不困。即使上了床，一有灵感，马上爬起来，拿起笔写下来。所以，坚持随时随地写作的人，总有写不完的东西。各位家长，写作文是一件很主观的事情，并不是所有人都会喜欢自己的文章。作为家长，我们应该给孩子更多的鼓励，可以表扬他文章中的某一句话，可以表扬他文章的角度独特，或者表扬他及时用了某个刚学过的成语。如果家长总是否定孩子，那么他就真的会一直写不好。

我想起一位作家跟我说过的一句话，并一直把它当作自己写作的鼓励语。他说："作家是这个世界上，唯一不用在专业院校里学习就能胜任的一项工作。"言下之意就是只要你勤读书、勤写作，就能成为作家。家长们，如果老师今天说某个孩子的文章写得不好，你一定要帮他找到文章中可以表扬的地方，千万不要再打击他。如果一直不给他自信，孩子永远就不会喜欢上写作。

女儿从一年级到高三，我轻易不会表达不喜欢她的某一篇文章。为了让她保持对写作的热爱，我对她写的每一篇文章都予以不同程度的赞美。即使老师给的分数不尽人意，我们也一起欣赏某一段话或某一种写法。于是，她对写作的热爱和自信就此培养了起来。有一天，她写了一篇自认为非常棒的文章，因为她尝试了另外一种写法。然而分数出来后，却比想象中低好多。她很伤心。我对她说："孩子，每一个人的审美观不一样，包括欣赏文章在内。你的老师可能不喜欢这种写法，但妈妈却挺喜欢这篇文章，因为你的大胆尝试、勇于创新和笔耕不辍。你知道吗？妈妈虽然写了四本书，却不是每个人都觉得我写得很好。然而，我在写作的过程中是享受的、喜欢的。当我写出来的时候，我是把纸当作了自己的朋友，和它吐露心声。至于读者，若是与我产生共鸣的，便是我吐露心声的对象；若是没有感觉，甚至觉得我写得差的，那也没关系，他只是不懂我而已。"

在孩子写作的过程中，我会告诉她要多观察生活，有些细小的事情都可以写进文章，这样文章才能出彩，因为写出了别人看不到却确实存在的事情。当你把这些细节写出来时，读者会觉得："这个作者好神奇呀，竟然观察得如此细致。"

家长们，如果说孩子们不知道写什么，你可以让他们随意写一段话，就这一段话慢慢地打磨。紧接着尝试写两段文字，告诉他们写两段以上的文字，结构很重要。找到一篇文章来帮他们分析第一段写什么、第二段写什么。请注意，即使是他们写得很普通，也不能打击他们，让他们爱上写作的唯一办法就是不停地鼓励。

但是，家长一定要学会帮助孩子选择书籍。我这里有一个真实的案例。一个原本非常优秀的孩子，在高中的时候突然辍学了。某天，女儿和我探讨这个辍学事件时，她说之所以会这样，是因为他看了太多玄幻小说。那天，我去他家作客，发现他家书柜里全都是各种玄幻小说。这类玄幻小说有一个明显的特点，就是书里的主角一开始都特别无能，满身缺点，但是只要遇到困难，就会突然如虎添翼般地迎刃而解。因为书中的人物都不用付出努力就可以达到目的，所以才会有太多人喜欢看这类小说。

看这样的玄幻小说，一开始没什么明显的坏处，然而到了青春期，这种潜在的危机会爆发出来。各位家长，一定要引导他们阅读高雅文学，让他们读一些著名作家的书籍，最好是阅读适合他年龄段的书籍。

再给大家一条建议，为孩子建立展示作品的平台。

我是九十年代开始写作的，那时候互联网刚刚兴起，网络论坛流行一时。一种新兴行业——网络写作进入到人们的视线，文学论坛造就了一大群网络作家。很多文学爱好者有了展示作品的平台。我也在几个论坛里注册了，把自己写的文章放上去。每天，我都会迫不及待地打开电脑，找到自己发的那篇帖子，看看是否有人在后面评论，然后再读一下别人的文章并且评价——这也是一种阅读和学习的过程。过几天，觉得评价的人差不多了，再开始写下一篇文章。正是这样的展示平台让我有动力写作，最后才有那么多的东西积累下来。如果一个人写了很多文章，却没有地方展示，他会越写越没意思。就好比是锦衣夜行，大晚上一个人穿得漂漂亮亮地出门，却没人夸赞他，便会觉得很无趣。所以，写作要有一个展示的平台。现在有微信、有微博、有博客，还可以申请公众号。

（展示课件）

大家看一下，这是我女儿写的文章。我把它放在了我的公众号上，朋友和同事都能看到。我甚至会对朋友说让他们写一句话表扬表扬我女儿。每次有人发我就给她看，告诉她大家都表扬你了。她表面上看着无所谓，但如果我久不让她给我文章进行公众号推送的时候，她就会忍不住问我要不要写点什么放在公众号上。有一天，我要出版《古代家训与现代家风》，得请一个人帮忙写序。原本有一位德育专家答应了，然而当他读了书稿后说："整本书都是你教育女儿的故事，满满都是女儿的痕迹，为什么不让她来写？"我心想这真是一个好主意。女儿不仅答应了，还写出了一篇高水平的散文。后来，她把这篇散文在学校的一个活动上读了出来，被校刊的负责老师听到了。那位老师特别欣赏这篇文章，主动跟她约稿，把文章放在了校刊上。于是，她收到了人生当中第一笔稿费。

　　家长可以自己尝试建一个公众号，或者在孩子写完后发在自己的朋友圈或者微博上，悄悄地跟你的朋友们说让他们给点正面的评论，给孩子适当的鼓励。

　　家长们，让我们每天花一点点时间，坐下来与孩子共同阅读，在培养孩子的过程中塑造自己，在孩子成长的过程中成就自己。

　　谢谢大家。

让赞美飞扬

■ 蔡广丽

蔡老师：同学们，今天这节课咱们来聊天——快快乐乐地聊天，把自己想到的说出来，好吗？

学生：好啊！老师，那这节课一定很轻松、很快乐。

蔡老师：老师给大家带来三句名言，我们一起读一读。

（学生齐读）

赞美，即是我的薪俸。——莎士比亚

一句精彩的赞辞可以作我十天的口粮。——马克·吐温

良言一句三冬暖，恶语伤人六月寒。——孟子

蔡老师：从这三句话里你读懂了什么？

学生：老师，我不明白薪俸是什么意思？

蔡老师：很棒！不懂就要问，这是非常好的一个态度。薪俸就是薪水，也就是工资的意思。

学生：老师，我明白了他们觉得赞美很重要。

学生：老师，我觉得马克·吐温把赞辞当作他的口粮，说明赞美的话可以让他充满力量。

学生：老师，我知道了赞美对一个人来说很重要。说话好听会让人觉得温

暖，说话伤人会让人觉得伤心。

蔡老师：赞美可以给我们带来力量和信心，所以我们这节课学习口语交际《让赞美飞扬》。为了让别人听懂、听明白我们的意思，我们在说话时要做到什么？

学生：说话声音要响亮。

学生：表达要清晰完整。

学生：要不怕说错。

学生：别人说话时要认真听。

蔡老师：真好。你们想一想赞美可以有哪些方式？

学生：表扬。

蔡老师：你怎么表扬别人？

学生：用语言赞美别人。

蔡老师：除了用语言赞美别人，还有什么方式？

学生：掌声。

学生：竖拇指。

学生：微笑。

学生：眼神。

学生：用卡片。

蔡老师：你们的概括很全面，我们可以把它分为两大类：一类是语言赞美，另一类是非语言赞美。

我们来玩个游戏吧，这个游戏的名字叫"赞美轰炸"。我来选一位同学，大家用赞美来轰炸一下他。

（选定承熠同学）

学生：承熠很乖。

学生：承熠听课认真、做事认真。

学生：承熠学习认真，成绩好。

学生：承熠爱帮助同学。

学生：承熠很负责任。

蔡老师：现在，老师来采访下承熠："听了同学们的夸奖，你有什么感觉？"

承熠：我非常开心，谢谢大家的夸奖，我以后会继续努力的。

蔡老师：被人赞美这么开心，老师也想体验一下被你们赞美轰炸。

学生：蔡老师很漂亮。

学生：蔡老师对我们要求很严格。

学生：蔡老师上课很好听。

学生：蔡老师做事很认真。

学生：蔡老师很大气。

蔡老师：赞美让我非常开心，感谢你们对我满满的爱意，让我在爱中像花儿一样绽放。赞美这么好，我们应该在赞美别人时注意哪些技巧呢？

下面，我们来看两种赞美方式，看你喜欢哪种？元旦联欢会上，杨杨唱了一首《种太阳》，唱得虽然很投入，但明显跑了调。同学们都鼓掌表示鼓励。小明对杨杨进行了赞美，他说："杨杨，你唱得太棒了，真是个音乐奇才呀！"小飞也对杨杨进行了赞美，说："杨杨，你唱得很投入，继续努力吧！我相信你一定会越唱越好。"

学生：老师，我喜欢小飞的赞美，他赞美杨杨唱得很投入。

学生：老师，小明的赞美不真诚，杨杨跑调了，他还说是音乐奇才，太假了。

蔡老师：是啊，所以我们应该明白赞美要真实、真诚、善意。

（板书）

蔡老师：我们再来看看一个孩子赞美妈妈的话："我为勤劳善良的妈妈点赞。每天早上，她很早起床为我和爸爸做饭，照顾我们上学、上班。晚上回家，妈妈不顾休息就开始做饭、做家务，然后还要给我辅导功课，一直到半夜才睡，从没有说过辛苦。我真想对妈妈说：'妈妈，您辛苦了。您就是我最美的妈妈！'"他的赞美好在哪里？

学生：他能发现妈妈的辛苦，而且写得很具体。

蔡老师：你的观察真仔细。是啊，我们赞美别人的时候要说具体。

（板书）

蔡老师：我们再来看下面这个故事。

小明考试考了一百分，他赶忙跑回家告诉妈妈，可是妈妈正在忙，没空理他，忙完又把这事忘记了。等到第二天妈妈才想起来，极力地赞扬了小明，可是小明一点也不高兴，这是为什么？

学生：都已经过了那么久，小明肯定不高兴了。

蔡老师：也就是说赞美要及时。

（板书）

蔡老师：看，狐狸说的话是赞美吗？

学生：不是赞美。这话一点都不真诚，狐狸是为了骗肉吃。

蔡老师：是啊！这样一点都不真诚、虚假、有目的性的夸大的话，我们叫它奉承。奉承跟赞美完全不一样。老师请你们在小组内表达对同学的赞美，多发现同学身上的美。

（学生小组内互相赞美）

蔡老师：罗丹说："美是到处都有的，对于我们的眼睛，不是缺少美，而是缺少发现。"在我们的生活中处处充满了美，我们要细心观察，发现生活中不同的美。

（课件展示配乐图片，老师旁白，升华学生情感）

蔡老师：如果你手中有颗赞美之星，你想把它送给谁？

学生：我想把赞美之星送给妈妈。

学生：我想把赞美之星送给环卫工人。

学生：我想把赞美之星送给解放军叔叔。

蔡老师：如果你手中有一张点赞卡，你想把它送给谁？

学生：我要把点赞卡送给郑老师。她从一年级开始教我们，很辛苦。

学生：我要把点赞卡送给我以前的老师。以前学校的老师对我们很好，可是我转学了，以后见不到她了，我特别特别想她。（边说边啜泣）

蔡老师：别哭，你真是位善良的同学。我相信你以前的老师一定特别负责任、特别好，她也会想你的，假期可以让爸爸带你去看老师。

（学生继续分享点赞卡）

蔡老师：同学们，不单是身边的人和事值得赞美，我们中华几千年的优秀传统文化更值得颂扬，老师送你们一首诗，诗名叫《赞汉字》。

（学生齐读）

魅环宇宙载风云，力透万年尽国魂，语润民风真善美，文旋山海演红尘。

蔡老师：汉字记载了历史变迁和民风真情，演绎了红尘种种，多么了不起啊！所以，我们更应该好好学习汉字。

学生：我们的文字太神奇了，每一笔都那么美。

蔡老师：赞美能让人充满力量、找回自信，更好地面对困难和人生。让我们一起把赞美带入我们的生活，发现身边的美，让赞美的五彩花开得更加灿烂，让赞美飞扬吧！谢谢！

我会学习、做事

■ 古添香

古老师：同学们，琴棋书画是源远流长的中华传统文化艺术，其中的"棋"指的是什么？

学生：象棋。

学生：围棋。

（出示课件）

古老师：同学们，古代的"棋"不是象棋，而是黑白世界的围棋。围棋是智慧的延伸，是一种生活的态度。有谁知道围棋在古代称作什么？

（学生说"弈"，老师示范写"弈"，出示课件）

古老师：今天我们就来学习一篇与围棋有关的文言文，从而明白学习、做事的方式、方法。同学们齐读课题，说说课题的意思。

（学生齐读《学弈》）

古老师：读了课题，你想知道什么？

（学生说："谁教""谁学""怎么学""结果怎样"，老师把学生提的问题贴出）

古老师：本文的作者是谁？大家看一下作者的介绍。

（出示孟子的简介）

古老师：文言文很深奥，同学们读起来可能有些吃力。我建议你们先看一下注释，然后再读课文，一边读一边对照注释想想这些字、词、句子的意思。大家开始吧。

（学生开始按要求自学课文）

古老师：读古文讲究"断句"。古文原本是没有标点符号的，为了方便大家学习而加上了标点。读课文时，有标点的地方需要停顿，但在一些句子中没有标点符号的地方也需要拖个长声。这样读，你自己比较好理解，听的人也容易听懂。大家拿出笔来，听我读一遍，当我读到没有标点却拖长了字音的地方，你就在那里画一条斜线。为了大家便于听和画，我读得慢一些，拖音也拖长些。明白吗？

学生：明白了。

（老师示范拖音的读文）

弈秋，通国之／善弈者也。使弈秋／诲二人／弈，其一人／专心致志，惟／弈秋之／为听；一人／虽听之，一心以为／有鸿鹄／将至，思／援弓／缴而射／之。虽与之／俱学，弗若／之矣。为／是其智／弗若与？曰：非／然也。

古老师：同学们按照各自画出的斜线朗读一次，拖音的地方可以夸张些。

（学生各自练习朗读）

古老师：古人读书讲究吟诵，读得入情后还要摇头晃脑，甚至身子也跟着节奏晃动。

（老师示范，学生笑）

古老师：你们别笑，读出滋味来的人都是这样。你们也试一试，看看能读出滋味来吗？

（学生继续练习，不少人摇晃起来，气氛很热烈）

古老师：大家读得真不错，敢站起来晃一晃吗？

（先后有四人读课文，老师指导）

古老师：你们觉得这样读是不是课文也好懂一点了？

学生：是。

古老师：谁能简要概括一下，这篇文言文讲了一个什么故事吗？

学生：弈秋教两个人下围棋，可是两个人学棋的结果不一样。

古老师：弈秋，何许人也？

学生："弈秋，通国之善弈者也。"

古老师：看来弈秋是全国最会下围棋的人。同学们，你们能用这种句式夸一夸我吗？

学生：古老师，通校之善教者也。

古老师：哈哈，不敢当，不敢当。俗话说"名师出高徒"，弈秋是否教出了两个棋艺高超的学生呢？从哪句得知？

学生："虽与之俱学，弗若之矣。"

古老师："弗若"是什么意思？

学生：比不上。

（出示课件）

古老师：到底是谁比不上谁？

（引导学生明白第二人比不上第一人）

古老师：同拜一人为师，为什么结果截然不同呢？难道是智力不一样吗？

学生：不是。

古老师：不是智力问题，那到底是什么原因呢？

学生："其一人专心致志，惟弈秋之为听。"

（老师出示课件，引导学生紧扣重点词"专心致志""惟"）

古老师：什么是专心致志？这个人学棋的时候是什么状态？

（板书：专心致志）

古老师：当小鸟唱着婉转的歌时——

学生：他听不到。

古老师：当可爱的蜜蜂在旁边嗡嗡嗡地采蜜时——

学生：他听不到。

古老师：当美丽的蝴蝶在旁边翩翩起舞时——

学生：他看不到。

古老师：这就是"专心致志"，换一个词理解就是——

学生：一心一意。

学生：全神贯注。

学生：聚精会神。

古老师：那另一个人是怎么学的呢？

学生："一人虽听之，一心以为有鸿鹄将至，思援弓缴而射之。"

古老师：第二个人可能一心在想什么呢？

学生：一门心思想着射鸟。

古老师：这种"一心"是不是专心呢？

学生：不是。第二个人一边学弈一边想着射鸟，这不是"专心"。

学生：是三心二意。

（板书：三心二意）

学生：是一心二用。

学生：是心神不定。

学生：是心猿意马。

学生：是东张西望。

古老师：可见，两人学习的结果不同，并不是他们智力存在着差别，而是什么？

学生：学习态度不同。

学生：前一个是专心致志，后一个是三心二意。

古老师：学完这则文言文，你有什么收获？

学生：学习要专心致志。

学生：做事不能三心二意。

古老师：无论学习还是做事都要专心致志，不能三心二意，否则会一事无成。

（板书：学习态度不同，结果也不同）

古老师：我们的生活和学习中还有很多这样的例子，有的是正面的，有的是反面的。谁愿意说一说？

（学生发言）

古老师：其实，学弈不仅是学习下棋，也是学做人。人生如棋，离不开黑白分明的理性与均衡。只要我们走的每一步人生之棋都是认真的、专心致志的，我们就是永远的胜利者。

学会做人　知耻后勇

■ 黄丽娣

黄老师：同学们，上课前我们先看一段动画。

（播放动画《周处改过》）

黄老师：看完动画，你知道了什么？

学生：周处以前是一个祸害乡亲的坏蛋。

学生：周处后来改正错误了。

学生：周处后来变成了一个勇敢的忠臣。

黄老师：是的。周处从祸害乡亲的浪子变成刚正不阿的一代忠臣。你从故事中明白他发生变化的原因了吗？

学生：他认识到了自己的错误。

学生：他感受到了巨大的羞耻。

黄老师：这就叫"知耻而后勇"，所以他能从一个祸害乡亲的浪子变成刚正不阿的忠臣。

黄老师：大家听过越王勾践的典故吗？

学生：听过。

黄老师：春秋时期，吴越交兵，越国兵败。越王勾践入吴宫，做了吴王夫差的奴隶。勾践知耻有勇，获释回国后卧薪尝胆、访贫问苦、任用贤才、发展生产，终于使国家富足、军队精壮。勾践一举灭掉吴国，成为春秋霸主之一。"知耻而后勇，乃做人之根本"应该怎么理解呢？

（学生互相讨论交流）

黄老师：这句话说的是在遭受磨难与打击后，毫不气馁，决不后退，更不自暴自弃，而是保持奋发进取、迎难而上的精神状态。耻辱具有两重性：它既是挑战，又是机遇；既是障碍，又是锻炼。人在知耻后才有卧薪尝胆的决心和勇气，否则就不能正确认识自己的不足，故步自封只能是愈发失败。

（出示课件）

耻之于人大矣！为机变之巧者，无所用耻焉。不耻不若人，何若人有？——《孟子·尽心上》

辱，莫大于不耻。——《文中子·关朗》

人不可以无耻。——《孟子·尽心上》

（学生配乐诵读）

黄老师：同学们，通过查资料，你知道生活中有哪些"知耻而后勇"的典型事例呢？

学生：香港喜剧演员周星驰，从香港无线艺员训练班毕业后，并没有得到机会立刻从事自己挚爱的表演，而是做了儿童娱乐节目"四三零穿梭机"的主持人，播出时间是下午4点半的冷门时段。周星驰在这里一待就是整整六年。对于一名立志成为伟大演员的年轻人来说，这无疑是痛苦的。在此期间，周星驰看着梁朝伟接拍电视剧、电影，很快大红大紫，自己却做着并不喜欢的儿童节目主持人。无人喝彩不说，还要忍受别人的漠视、歧视。有位影坛大哥当众说他"活得像狗一样"，一位娱乐圈大姐大说他"永远红不了"，一位好友说他"整天做白日梦，幻想成为大明星"。更让人难堪的是，有一家报纸发表评论说，周星驰只适合做儿童节目主持人，不适合做演员。面对诸般羞辱，周星驰没有自暴自弃，而是认认真真地把那张报纸上的评论剪下来，贴在自己的床头上，以此来激励自己，并发誓开创一番大事业。后来的事情大家都知道了，靠着"无厘头"的表演方式，周星驰成为拥有粉丝无数的喜剧大师。

学生：足坛万人迷贝克汉姆也曾有过类似的遭遇。1998年法国世界杯上，贝克汉姆因踢人被红牌罚下，导致英格兰队以十人对十一人，最终在点球大战中负于阿根廷，被淘汰出局，就此止步十六强。出现这样的结果，小贝自然难辞其咎，他也为自己不理智的举动付出了惨重的代价。一夜之间，贝克汉姆由天之骄子变成英格兰的全民公敌，遭千夫所指。曾经最爱小贝的家乡球迷，在球场用愤怒的眼神瞪着他。为了让自己知耻而奋进，小贝把"球迷的愤怒"这张照片放大后，一直悬挂在家里客厅的墙上，提醒自己永远不要忘记失败的痛苦。

黄老师：孟子曰："耻之于人大矣！"耻辱感，是我们捍卫自尊的基础与追求自强的动力。在生活中，我们每个人都难免会遭遇到冷眼、非议与侮辱。面对屈辱，有的人麻木不仁，浑然不放在心上，犹如风过水波无痕；有的人仿佛遭遇毁灭性地打击，不堪承受重压，就此沉沦；有的人，比如周星驰和贝克汉姆，却将屈辱挂在墙上，当作向上的动力，激励自己永不停止前进的脚步。

学生：还有鲁迅。他是我国现代著名的文学家，可是他当年在日本留学时，起初选择的并不是文学，而是医学专业。是什么原因促使鲁迅先生弃医从文呢？1904年9月，鲁迅按照其医学救国的理想，进入仙台医学专门学校学习。他学习极为刻苦认真，深受老师藤野先生的赞许。但是，鲁迅没有想到，他学习成绩优异竟会引起一些日本学生的嫉妒。在这些日本学生眼里，中国留学生是"低能儿"，是不可能取得好成绩的。他们甚至认为，鲁迅之所以每回考试都是好成绩，是因为老师提前把考题透露给了他。他们的轻视使鲁迅的自尊心受到了很大刺激。1905年，学校里发生的另一件事对鲁迅的刺激更大。一次上细菌课后放映纪录片，内容是宣传日本军国主义所谓"战绩"的。影片中有这样一组镜头：一个中国人被日本侵略者枪杀，而周围观看叫好的竟是一群中国人。当时，看这部影片的只有鲁迅一个中国人。看完影片之后，大家拍手欢呼。这影片、这掌声深深地刺痛了鲁迅，他数月内吃不好饭、睡不好觉，还曾一个人走进深山里放声悲歌。他翻来覆去地苦苦思索，为什么有人对自己的同胞被杀害而无动于衷？他终于认识到"医学并非一件紧要事，凡是愚弱的国民，即使体格如何健全，如何茁壮，也只能做毫无意义的示众材料和看客……第一要着，是在改变他们的精神"。因此，他毅然弃医从文，走上了用笔唤起中国人觉醒的道路。这份耻辱和对祖国、对人民深挚的热爱，促使鲁迅做出了弃医从文的抉择，这一抉择使中国乃至世界文坛更增添了若许光辉。

黄老师：同学们，耻是为人的底线，是立身做人的重要标准，也是衡量是非、忠奸、曲直的标尺。孟子说："无羞恶之心，非人也。"朱熹解释道："耻者，吾所固有羞恶之心也。有之则进于圣贤，失之则入于禽兽。"从耻食周粟的伯夷、叔齐，到无颜面对江东父老的项羽；从耻为亡国奴的文天祥，到拒绝为美国服务的钱学森……无数可歌可泣的事迹，无数傲骨铮铮的人物，都体现了中国文化的耻感意识。大家行动起来吧，写下这节课的收获，贴到勇气树上。

（学生活动）

黄老师：同学们，人的知耻之心并不是与生俱来的，而是需要通过自我完善培养形成。知耻是真正学会做人的开始，有了羞耻心才会自爱、自尊、自重，做错事才会自责、愧疚；有了羞耻心才能制止不良愿望，约束自己不道德的行为。只有耻不若人，才会有长进；只有耻不文明，才会文明起来。

黄老师：这节课就上到这里，同学们再见！

学生：谢谢老师，老师辛苦了。

中国美食

■ 邓 熠

第一环节

邓老师：同学们，我们的生活离不开一日三餐，有的人喜欢吃青菜，有的人喜欢吃肉，你最爱吃什么呢？

学生：我最爱吃鸡蛋，特别是番茄炒鸡蛋。

学生：我最爱吃炸鸡腿。

学生：我最爱吃馒头。

邓老师：老师最爱吃面。现在，就让我们享受一次视觉的美味——面食宴吧。

（课件播放图片，有炸酱面、凉面、炒面……）

邓老师：隔着屏幕，我仿佛闻到了阵阵的面香味儿。同学们，我们中华民族的美食文化博大精深、源远流长。从南到北，美食文化不同，烹调方法也不一样。今天，我们来学习课文——《中国美食》。

（板书课题）

邓老师：请大家一起读课题。

学生：《中国美食》。

第二环节

邓老师：请同学们把书翻到第35页，朗读课文，圈出生字，将每个生字大声读三遍。

（学生朗读课文，读生字，老师巡视并指导）

邓老师：请大家抬头看大屏幕，跟着读课文，注意把字音读准。

（播放视频，学生认真跟读）

邓老师：你们的声音真洪亮，说明你们很用心在读。接下来，就让我们一起来认识这些美食朋友吧！

（出示课件）

邓老师：谁来说说"炸酱面"的"炸"怎么读？

学生：我查了字典，"炸"字有两种读音：四声是指物体突然破裂并发出声响，比如炸雷、爆炸，是一种剧烈的化学反应；二声是指一种烹饪手法，把食材浸入热油中使之成熟。所以，"炸酱面"的"炸"要读第二声。

邓老师：完全正确，你是个会使用工具书的同学。

（出示全部生字）

邓老师：请同学们一起读一遍。

（学生读字词）

第三环节

邓老师：老师从这些美食中挑出三种食材，谁来读一读？

学生：菠菜、茄子、蘑菇。

邓老师：请你仔细观察一下这些字，有没有发现什么？

学生：菠、菜、茄、蘑、菇都有草字头。

邓老师：这些草字头的字和什么有关？

学生：和植物、蔬菜有关。

（出示美食图片）

邓老师：我们再来回味一下这些美食，它们都有一个小秘密呢。每道美食的名字当中都有一个字表示它们的烹饪方法，你能从中找出来吗？

学生：我发现凉拌菠菜是拌的。

学生：我发现红烧茄子是烧的。

学生：我发现烤鸭是烤的。

（板书烹饪方法：煎、煮、蒸、烧、烤、爆、炖、炸、炒）

邓老师：我们仔细观察这些烹饪方法，有火字旁的字和四点底的字，说说它们都和什么有关系呢？

学生：做饭需要火或者水，所以大部分火字旁和四点底的字都跟火或水有关系。

（出示图片贴黑板上）

邓老师：说得非常正确，同学们还认识哪些火字旁或者四点底的字呢？谁来说一说？

学生：我知道"热"和"炉"。

学生：我知道"熟"和"焦"。

学生：我知道"炕"和"煤"。

邓老师：我们中国的汉字多神奇啊，看生字的一个偏旁就能知道这个字的大概意思了，同学们可以用这种方法记住更多的汉字呢！

（图片：大白菜）

邓老师：同学们，同一种食材，因烹饪方法的不同，可以做出不同的美食。谁来说一说大白菜可以怎样做？

学生：大白菜可以炒。

学生：还可以煎。

学生：也可以和粉丝一起蒸。

邓老师：老师猜你们之所以知道，大概是因为在生活中你们吃过。学习本来就离不开生活。

第四环节

邓老师：请大家读课文并思考课文中介绍了几种美食？并试着给它们分分类。分类时，可以先在小组中讨论。

（学生读课文并思考，小组合作分类）

学生：这十一种食物有些是菜，有些是主食。

邓老师：你很会观察。谁愿意补充一下吗？

学生：这十一种食物有七种是菜，四种是主食。

邓老师：你们都是会观察、思考的学生。还有吗？

学生：这七种菜有三道素菜和四道荤菜。

邓老师：你真是火眼金睛！同学们，你们知道吗？中国各个民族、各个地方的美食都有特色，需要我们去发现，所以老师请大家课后搜集家乡的美食图片，并写上名称。

第五环节

邓老师：《中国美食》这节课不仅让我们学会了许多生字，而且还了解了许多美食的制作方法。中国的美食就像汉字、书法、节日一样，都是我们中华民族的传统文化。作为一个中国人，我们为之骄傲、自豪。在生活中做一个有心人，相信你能学到更多的知识。下课！

学生：起立！谢谢老师。

最妙的是下点小雪呀

■ 李银姬

学生：春雨惊春清谷天，夏满芒夏暑相连。秋处露秋寒霜降，冬雪雪冬小大寒。每月两节不变更，最多相差一两天。上半年来六廿一，下半年是八廿三。

李老师：同学们对节气的计算方法都很熟悉了。今天是（2016年）11月23日，是哪一个节气呢？

学生：小雪！

李老师：没错，今天我们处在小雪节气。在南方，小雪节气一般不下雪，大家好像感受不到节气的物候。不过没关系，今天老师给大家请来了小雪的朋友——"小水滴"陈××。

（陈××是班里的一个女生，叫到她时，她也觉得很意外）

李老师：请大家跟"小水滴"陈××问好吧！

学生："小水滴"陈××好！

李老师：你们这样说"小水滴"可听不见，因为她现在在天上呢！所以我们要怎样跟她打招呼呢？要说："哎——，'小水滴'陈××——，你——好——吗——？"

（老师把手放到嘴边，冲天上喊去）

学生（笑作一团，模仿）：哎——，'小水滴'陈××——，你——好——吗——？

李老师：今天，"小水滴"陈××有一个苦恼，她已经足够重了，想要降落到地上，但是还没决定好要降落在哪里。她面前的有两个选择：一个是北京，一个是深圳。老师这里有一张中国地图，同学们知道这两个城市在哪个位置吗？

（有几名学生举手，老师叫了两名学生互为帮手，到黑板前指出位置，并和同学们一起纠正）

李老师：我们现在知道了这两个城市的位置，等一下我们要帮"小水滴"陈××做个决定，到底要降落在哪里才好。首先，我们来看一下北京现在是什么景象。

（播放北京电视台关于小雪节气的报道）

李老师：现在大家把眼睛转向窗外，看看深圳这边是什么样的景象？

（学生说出没有下雪、天气不冷、有太阳、树是绿的等现象）

李老师：刚才大家说出了对深圳天气的直观感受。老师这里有一份天气对比图，可以帮助大家做决定。同学们能看懂这个图吗？

（图中显示北京和深圳近一周气温及其他天气要素的不同，师生在讨论中读懂这幅图）

李老师：综合以上要素，现在激动人心的时刻来到了。请大家举手投票，帮"小水滴"陈××做决定。

投票结果显示，大多数同学支持"小水滴"降落在北京，那么我们就跟她一起经历一下降落的过程吧！

（播放动画、音乐，小水滴在降落的过程中逐渐变成雪花，最后落在地上）

李老师："小水滴"陈××兴高采烈地从空中降落下来了。她慢慢觉得自己的身体变得不一样了，最后竟然变成了小雪花。现在，大家问好的方式要变了。我们要怎么问好呢？

学生："小雪花"陈××好！

（老师很小声地、模仿小水滴的语气，沮丧地说大家好）

李老师：哎？我们的小水滴怎么声音听起来这么沮丧呢？原来呀，变形后的小水滴落到地上后，就成了成千上万小雪花的一员了。路人行色匆匆，他们都注意不到小雪花的存在。"是不是我不美，不再重要了呀？"小雪花竟然有些自卑。现在，我们要进行一个"小雪花拯救行动"，帮她找回自信。具体要怎么做呢？请看投影。投影上显示着关于"小雪"节气的谚语，请大家以小组为单位，理解这些谚语的意思，然后告诉小雪花，她很重要。大家可以尝试这种句式："'小雪花'陈××你别难过了，俗话说得好……，所以你挺重要的！"

（学生热烈地讨论起来，几分钟后大家纷纷举手发言）

学生："小雪花"陈××你别难过了，俗话说得好"小雪雪满天，来年必丰年"，虽然你只是很多很多小雪花中的一个，但是因为有了你们，农民伯伯来年才会有个大丰收，我们才有很多粮食可以吃，所以你挺重要的！

李老师：非常流畅地回答。请问小雪花，你心情好一点了吗？

"小雪花"陈××：好一点了。

李老师：我们可以尝试着用更生动的语气、表情和动作来加强我们劝说的效果。接下来，还有哪一位同学想要试试？

学生："小雪花"陈××你别难过了，俗话说得好"小雪不怕小，扫到田里就是宝"，虽然你很小，但是扫到田里就是宝，就能……能……

李老师：想一想，雪花到了土地里会怎么样？

学生：会融化。

李老师：融化了以后呢？

学生：会滋润土地，然后土地里就会长出更好的庄稼。

李老师：没错，雪花能够滋润土地，所以即使很小，也非常重要。

（学生继续做着其他谚语的尝试）

李老师：经过刚才大家的劝解，我们的小雪花心情好了很多。她正在开心地四处张望，发现小雪时节家家户户都在做着各式各样的美食，我们跟随着她一起去看看吧！

（播放小雪时节美食介绍视频）

李老师：在北方地区，小雪时节真的有太多美食了，我们南方在这个时候也有很多好吃的，比如——

学生：腊肉。

李老师：再比如——

学生：鱼干。

（老师和学生陆续分享着小雪时节的美食以及与它们相关的记忆）

李老师：刚才听着同学们的分享，老师都要流口水了。在小雪这个节气里，美食是一个必不可少的话题，只是在吃饱喝足的同时，我们也要保持好身体健康。接下来，我们看一下小雪时节的健康小贴士。同学们，请你们拿起手上的小书签，选择一到两条健康小贴士，把它设计到小书签上，送给父母或者朋友。大家可以改变书签的形状，在上面多添加一些其他元素，比如画画、立体手工、剪纸等，要符合小雪节气的特点。

（播放杨春林《十一月山茶》，学生开始创作，然后在乐曲中彼此交流，并到台前展示、解说）

李老师：刚才同学们展示的书签，不仅是对家人朋友健康、平安的寄托，同时也让老师感受到小雪这个节气独特的美感。老舍先生有一篇文章，叫《济南的冬天》，里面有一段开头是"最妙的是下点小雪呀"。感谢同学们让老师体会到小雪的妙处，也希望同学们以后能够在世界各地体会小雪节气不同的美景，在盈盈小雪中轻呼："果然，最妙的是下点小雪呀！"

坐井观天

■ 黄丽娣

黄老师：同学们喜欢听故事吗？

学生：喜欢！

黄老师：老师现在给大家讲一个有趣的故事。很久以前，有一口水井，井里的水很浅，生活着一只青蛙。这只青蛙白天对着井口晒太阳，晚上望着井口数星星，日子过得很舒服、很自在。一天，一只小鸟飞来了……接着怎样了呢？老师说不太清楚了，不过故事就藏在课本里，同学们快打开书读一读吧。

（老师讲故事的过程中，简笔画一口枯井，依次贴上青蛙图和小鸟图）

黄老师：同学们身正肩平脚着地，双手捧书读起来。

（学生读故事）

黄老师：你们刚才读的这个故事叫什么名字？

学生：《坐井观天》。

（板书：坐井观天）

黄老师：大家读得很认真，谁来说一说，你读了课文知道了什么？

学生：我知道了青蛙认为天空只有井口大，小鸟却认为天空无边无际。

学生：我知道了青蛙和小鸟在争论天空到底有多大。

黄老师：是的，一只青蛙和一只小鸟在争论天的大小。

（板书：争论天的大小）

黄老师：青蛙坐在井底，小鸟在天上飞，它们是怎么相遇的呢？

学生：小鸟飞了很久，有点累了，便飞到井沿上，想要喝口水。青蛙又恰巧坐在井里，于是它们就遇上了。

黄老师：原来小鸟口渴了找水喝。

（老师故意写错板书：口喝、渴水）

学生：老师，你写反了，是口渴、喝水。

黄老师：哎呀！这两个生字长得好像呀！我总是分不清楚它们，谁愿意当小老师教我记住它们呀？

学生：口渴需要水，所以渴的偏旁就是三点水；而喝水需要用嘴巴喝，所以喝的偏旁就是口。

黄老师：你的记忆方法真好。谢谢你，我记住它们了。以后一定不会再弄错了。

（改正板书）

黄老师：刚才那位同学说小鸟落在井沿上找水喝，可是我不知道"井沿"在哪儿呀？谁来帮帮小鸟，让它落在井沿上。

（学生上台将小鸟图片贴在简笔画的井沿上）

黄老师：哦，原来这就是井沿呀！同学们，那这是什么字呢？

（板书：沿）

学生：沿。

黄老师：同学们真棒，读了一遍课文就把生字的读音记住了。我们怎么记住这个字呢？你们有没有好方法？

学生：右边拆开来是"几口"，左边是三点水，我们只要记"几口水"就可以了。

黄老师：这位同学真聪明，使用了拆字的方法。其他同学记住了吗？

学生：记住了。

黄老师：既然同学们记住怎么写这个字，我们就尝试一下给它找个小伙伴，组组词吧？

学生：井沿。

黄老师：哪位同学还能组其他词吗？

学生：床沿。

学生：沿路。

学生：沿海。

（老师边讲解边出示课件）

黄老师：原来它还能组这么多词啊。瞧！小鸟落在了井沿上，小青蛙看见有朋友来了好高兴啊。我们学着小青蛙的样子和小鸟打招呼吧！

学生：小鸟你好呀！

学生：早上好呀，小鸟！你从哪里来？

黄老师：请同学一起来读一读吧！

学生：青蛙问小鸟："你从哪儿来呀？"

黄老师：小鸟快回答它吧！谁愿意当这只小鸟？

学生：小鸟回答说："我从天上来，飞了一百多里，口渴了，下来找点水喝。"

黄老师：哦！小鸟飞了一百多里，好远呀！你们觉得青蛙相信小鸟的话吗？请大家自由读课文的第四至第六自然段，并用心体会。

（学生自由朗读）

黄老师：读完课文，你觉得青蛙相信小鸟的话吗？你怎么知道的？

学生：青蛙没有相信小鸟的话，因为它认为天只有井口那么大，而小鸟说它飞了一百多里。

黄老师：青蛙认为天只有井口那么大，所以它认为小鸟是在说大话。什么是说大话呢？

学生：大话就是假话。

黄老师：那假话是什么呢？

学生：就是撒谎。

黄老师：同学们说得非常好。比如，我说"我一口气能把同学们全都吹走"，你们认为可能吗？

学生：不可能！

黄老师：所以，青蛙认为小鸟说的是不可能发生的事，认为小鸟是在说大话。谁能表演出来？

学生：青蛙说："朋友，别说大话了！天不过井口那么大，还用飞那么远吗？"

黄老师：我听得出来，青蛙是不相信小鸟。老师想跟你比一比，欢迎吗？

学生：欢迎。

黄老师：青蛙说："朋友，别说大话了！天不过井口那么大，还用飞那么远吗？"

黄老师：各位评委们，你们觉得如何呀？

学生：老师读得声音响亮，而且很像青蛙的语气。

黄老师：是的，我们朗读课文的时候一定要想象自己就是主人公，大声读出来。请同学们一起读一读这一段吧！

（学生齐读）

黄老师：小鸟看到的天空也是这样的吗？

学生：不是，小鸟看到的天空很大很大。

黄老师：是呀，天很大很大，所以小鸟说天无边无际。我们还可以说什么无边无际呢？哪位同学能用"无边无际"造句？

学生：我看见无边无际的大海。

学生：内蒙古有无边无际的草原。

学生：我们头顶上的天空无边无际。

黄老师：大海无边无际、草原无边无际、天空无边无际……青蛙究竟为什么说天不过井口那么大呢？我们来做个小实验。同学们拿起书本像老师这样卷成圆筒状，用手遮住一只眼睛，用另一只眼睛透过圆筒孔看天花板，说说平时看到的天花板与卷起圆筒看到的天花板有什么不同？

学生：圆筒里看天花板只有圆筒那么大。

学生：平时，我们可以看到天花板的每个角落，圆筒里只能看到一个角落。

学生：平时看到的天花板很大，在圆筒里看就变小了。

黄老师：大家观察得很仔细，也善于动脑筋。你们想想坐在井里的青蛙看天，看到的天有多大？

学生：只有井口那么大。

黄老师：所以，青蛙才说天不过井口那么大。小鸟飞过了许多地方，飞过了高山，飞过了田野，飞过了城市……所以小鸟说——

学生：天无边无际，大得很哪。

黄老师：可是，小青蛙说天只有井口那么大是有它的理由的。谁来读一读青蛙说的话？

学生：青蛙笑了，说："朋友，我天天坐在井里，一抬头就看见天。我不会弄错的。"

黄老师：青蛙很自信地认为自己不会弄错的，让我们一起带着这样的心情读一读青蛙的这句话吧！

学生："朋友，我天天坐在井里，一抬头就看见天。我不会弄错的。"

黄老师：青蛙一抬头就看见天，你们也能用"……一……就……"造句吗？

学生：我一回家就写作业。

黄老师：你的习惯非常好！还有哪位同学来说一说？

学生：我一拿起童话书就放不下来。

黄老师：真是个爱读书的好学生。同学们一定还会说很多很多的好句子，课下说给自己的小伙伴听，好吗？

学生：好。

黄老师：现在，你觉得这是一只怎样的青蛙？请同学们四人为一小组，联系课文讨论一下。

（学生讨论）

黄老师：哪位同学来说一说，这是一只怎样的青蛙。

学生：一只笨青蛙。

黄老师：它确实不太聪明。

学生：它是一只待在井里，不知道外面什么样的青蛙。

黄老师：你形容的非常具体，这只青蛙就是一只"井底之蛙"。同学们，千百年来，人们一直用"坐井观天"这个成语来形容那些眼界狭小、见识短浅的人。所以，每一位同学从小就要多学一点知识、多读一些课外书、多出去走走看看，不断地增长自己的见识，才不会坐井观天，而是见多识广。让我们带着对坐井观天的理解，分角色读一读这篇课文。男生扮演青蛙，女生扮演小鸟，老师来当旁白。

（师生合作朗读）

黄老师：同学们，原本无边无际的天，青蛙却说只有井口那么大，它是在说假话吗？

学生：没有。

黄老师：青蛙其实也在说实话。它说天只有井口那么大，是因为它看到的天——

学生：就只有井口那么大。

黄老师：对。环境局限了它的眼界。怎样才能改变呢？小鸟建议它——跳出去看一看。是啊，跳出来吧，看看外面精彩的世界，正如"读万卷书，行万里路""欲穷千里目，更上一层楼"。最后，我们来假设一下，如果青蛙听了小鸟的话，努力从井里跳出来了，它看到了什么？想到了什么？请同学们课后好好想一想，明天告诉黄老师，好吗？

学生：好。

黄老师：那么这节课就上到这里。同学们，再见！

学生：谢谢老师，老师您辛苦了。